美味しいごはん

料理人ちこ

サンマーク出版

御食事　ゆにわ

いのちのごはん
美味しいごはん

美味しいごはん
Delicious GOHAN
グッズ販売
はこちら!

はじめに

私には人生の師がいます。

師匠に出会い、美味しいごはんを食べさせてもらった。
そんな、思いもよらないきっかけから、私の世界は変わったのです。

太陽を見ただけで、感謝できるようになりました。
胸の中にあるあたたかさを、大事にするようになりました。
風のやさしさが、身に沁《し》みるようになりました。
嫌なことがあっても、引きずらなくなりました。

何をしてもつまらなくて、どこか冷めていて、無味乾燥に見えていた世界が、彩りを取り戻していったのです。

食べることは、いのちをいただくことです。

食材のいのち、そこに関わる人たちのいのち、それらを育んだ大自然の息吹すべてを飲み込んで、消化して、自分の体と心と魂が作られてゆく。

すべてのいのちはつながっていて、支え合い、成り立っています。

食べることで、力が湧いたり、元気になったり、気持ちがあたたかくなったりするのは、そのつながりの糸を通じて、エネルギーが流れこんでくるからです。

ところが今、毎日のごはんが、大事にされない時代になりました。

それによって、日々刻々と、失われているものがあります。

人の「あたたかみ」です。

美味しいごはんを食べることにすべての答えがつまっているのに、みんなそのことを忘れて、あたたかみが欲しい、と嘆いている。

そんな世の中に、どこか矛盾を感じている方は多いはず。だから私は皆さんと手を携《たずさ》えて、食の世界に一石を投じたいのです。

そして、私と同じ師に人生を習い、想いを共にする仲間と、大阪府枚方《ひらかた》市楠葉《くずは》にある小さなお店「御食事ゆにわ」から、静かな革命を起こそうとしています。

この二〇一八年の夏、ようやく公開に漕《こ》ぎ着けた映画『美味しいごはん』は、その幕開けと言っていいのかもしれません。

本書は、映画の公開に併せて出版となった一冊です。

映画では語り尽くせなかった思いを、言葉で綴《つづ》りました。

この本でお伝えする、食べること、つながること、生きること。

これらを頭で理解しようとするのではなく、一言一言、まるで耳で聞くように味わって、ピンときたことから取り入れてみてください。

そして、一つでも幸せのヒントを見つけていただけたら嬉しいです。

料理人ちこ

美味しいごはん　目次

第一章　食べることの本質

第二章　人間関係の本質

第三章　生きることの本質

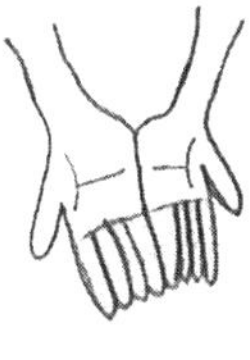

ブックデザイン　萩原弦一郎（２５６）
カバー写真　今城 純（Ｄ－ＣＯＲＤ）
口絵写真　黒沼 諭
宇野 歩
新田君彦
石橋雅人
中島ゆう子
本文イラスト　河村あき
編集協力　新井久美子
本文ＤＴＰ　有限会社Ｊ－ＡＲＴ
校正　株式会社ぷれす
編集　鈴木七沖（なないち）

第一章
食べることの本質

ひかりのバトンリレー

私のことを、わかってくれる人なんて、どこにもいない。
そう思っていた、17歳の頃の私。
友人とバカ騒ぎして笑い合って、彼氏と手をつないで、家族と食卓を囲んでも、近くにいるようで、すごく遠い。

心はずっと、一人ぼっちでした。

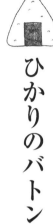

人は不幸なときほど、何かに埋没しようとするのでしょう。
高校時代の私は、恋愛にスポーツ、派手に遊んで流行りを追いかけて、心の声に耳を澄ますことから逃げていました。波立つ心をノイズでごまかしていたのです。静かになったら、一人になったら、それと向き合うことになるから……怖かったのです。

けれど、そんなごまかしも長くは続きません。順調そうに見えた高校生活も、いつしか不運の波に襲われました。

いちばんの親友に裏切られ、大好きな彼には別れを告げられ。

かと思ったら、ケガをしてスポーツもできなくなり、親の前ではイイ子を貫いた結果、わかり合えない関係になっていきました。

崩れたメンタルに引きずられるように、成績までもガタ落ち。

がんばれば、がんばるほど、空回りで、余計に自分を責めて、何をやってもうまくいかなくなっていったのです。

辛い日々の中で、将来を考えるたびに不安はふくらみ、そんな心模様を映すかのように、顔にはニキビがたくさんできていました。


別に、それで人生が終わるわけではないのですが、その頃は、目の前の世界がすべてでしたから、心は荒れに荒れていったのです。

嬉しいことがあったら喜んで、でも悲しいことがあったらすぐ落ち込んで。

上がったり、下がったり、あっちに揺れたり、こっちに揺れたり。

まるで私の中に、いろんな人格の私がいて、いろんな意見を言い合って、ケンカして、暴れているみたいに、心はいつも不安定でした。

幸せって、どこにあるんだろう。

前を向きたいのに、どっちが前かすら、わからない。

ひかりを求めて、あがいても、あがいても、抜け出す術《すべ》がわからなかったのです。


そんな私の気持ちを察して、救いの手を差し伸べてくれたのが、兄でした。

お世話になっていた近所の大学受験塾「ミスターステップアップ」（大阪府枚方市《ひらかたし》）に、私を連れていってくれたのです。

これが、闇から抜け出すきっかけになりました。


その塾の塾長先生こそ、後に私の人生の師となる、北極老人だったのです。


北極老人は、数千人の受験生を難関大学に合格させてきた受験勉強の達人でした。受験生時代には、名だたる模擬試験でことごとく全国一位を獲得した、伝説の受験生だったというのです。

それだけではありません。以前は風水師として数千人の相談に乗ってきたとも言われ、実際、その塾にはさまざまな方がひっきりなしに人生相談に訪れていました。

さらに北極老人は、訪れる方々や、塾生たちに、美味しい料理を振る舞っていたのです。

入塾してから数日が経った頃――。

その日、塾のリビングにわらわらと塾生が集まっていました。なんだろう？　と思って近くに寄ると、真ん中のテーブルに赤いキレイなお重があります。中をのぞくと、形の揃《そろ》った、かわいい塩おむすびが並んでいました。

実は当時、私はごはんが大嫌いでした。

今にしてみれば信じられないことですが、ごはんは味がしないし、太るし、食べたくないとすら思っていたのです。

けれど、不思議なことに、そのおむすびは見るからに美味しそうで、ピカピカと光っているように見えました。私はそばにいた塾生に聞きました。

「ねぇ、あのおむすび、食べていいの？」

すると、すでに美味しそうにおむすびを食べていた塾生たちは、「早いもの勝ちやで」と。私はサッとおむすびに手を伸ばし、大事に、ぱくりと口に入れました。

そして、静かにほおばった瞬間。

口の中にごはんの甘みが広がると同時に、パアッと心にひかりが差しました。

気づけば、大粒の涙がポロポロとこぼれていたのです。


それからというもの、北極老人がおむすびを作り始めたら、いの一番に食べに行くようになりました。

その頃の私には、勉強机に向かう前に、心のリハビリが必要だったんです。

水、塩、米だけのシンプルなおむすびのはずなのに、感じるメッセージは、いつも違っていました。


「どうして私の気持ちを、こんなに理解してくれるんだろう」

「なんで今日、悲しい思いをしたことがわかったんだろう」


食べるたび、やさしく寄り添ってくれていることを感じ、胸の奥が震えるような感動がありました。

そんな日々を過ごすうち、心のノイズは、だんだんと静まっていったのです。自分を見つめられるようになり、ダメな自分も許せるようになりました。と同時に、他人のことも許せるようになりました。

それまで、まわりはみんな競争相手だと思っていたことが、とんだ見当違いだったと気がつきました。

「私は一人じゃない」ということが、ストンとお腹に落ちたのです。

希望もない、やりたいこともわからない、さみしい、もっと愛されたい。そんな乾いた心も、ちゃんと食べることで、たちまち元気になることを知りました。

「〝ひかり〟の受け渡しこそ、食事の本当の意味なのだよ」

北極老人は、そのように教えてくださいました。

〝ひかり〟それは、〝愛〟と言ってもいいし、〝プラーナ〟と呼んでもいいし、〝ご縁の糸〟〝いのち〟と思っていただいても構いません。

すべての幸福の源泉となるエネルギー、とでも言いましょうか。


私は次第に、北極老人からいただいたひかりをここで終わらせたくない。また次に受け継いでいきたいと思うようになりました。


出会う人、出会う人に、ひかりを渡していく。

そこになんの見返りを求めることもなく、相手に対して時にわが子のように、時に無二の親友のように、時に長年連れ添った家族のように、純粋な愛で接する。

そんな師匠の生き様が、ただただ美しくて。私もそのように生きていきたい。できることなら、分身のようになりたいと願うようになったのです。

そんな気持ちから歩みはじめて、気がつくと隣には想いを同じくする仲間たちがいました。「御食事ゆにわ」は、そのみんなと立ち上げたお店です。


ゆにわができた頃から、師匠は徐々に第一線を退かれていきました。

そして、実名ではなく「北極老人」と名乗られるようになったのです。
不思議なお名前ですから、架空の人物だと思われることもあります。
けれど、もちろん実在の人物ですし、今もご健在です。
仙人のように遠くにいらっしゃるわけでもなく、私にとってはすごく身近な存在。
ほとんど毎日、一緒にごはんを食べて、お店のことも、自分自身のことも、事あるごとに相談させていただき、支えられています。

北極老人のことをお話しすると、「直接、話がしてみたい」「北極老人が自ら表に出れば、もっと幸せな人が増えるのに（どうしてそうしないの？）」といったお声をよくいただきます。そのお気持ちはごもっともです。

けれど、北極老人が私たち弟子に舞台を譲ってくださった背景には、深いわけがあるのです。

それは、ひかりをずっと先の未来まで伝えるためです。

北極老人も体はひとつしかありません。だから、会える人には限りがあります。

なおかつ、仮に大勢の前で演説したり、テレビに出たり、人前に現れることがあったとしても、伝える対象が多ければ多いほど、やはり、伝わるものは薄まってしまうのでしょう。

だから北極老人は、弟子に活躍の舞台を譲ってくださいました。

そして、現実的にも精神的にも未熟な私たちを、ずっと見守り、育ててくださったのです。

もし、北極老人が表に立ち続けていたら、今のゆにわは存在しなかったでしょう。

ひかりを受け取った人が、また次の人へひかりを渡して。それを受け取った人が、また次の誰かへ、ひかりを届けることができたなら……。そのひかりのバトンリレーは、遠い先の未来まで、永久につながる可能性が生まれます。

これは、何でもないことのように思われるかもしれません。

でも実は、奇跡的なことなのです。

かつて、イエスや仏陀《ぶつだ》、たくさんの名だたる聖人君子《せいじんくんし》が、その教えを後世に残そうとしました。またその弟子たちも、師の教えを伝え広めようと、聖書や経典をはじめ、多くの書物を残してきました。一子相伝《いっしそうでん》で語り継がれた教えも数多くあります。

きっとそこには、想像もできないようなご苦労があったことでしょう。そのおかげで、およそ二〇〇〇年が経った今でも、その教えの一端を知ることができます。けれど、今の世の中を眺めてみると、イエスや仏陀の生き写しのように、同じくらい高い感覚で、深く悟り、不動の覚悟をもって生きている人は、いったいどれだけいらっしゃるでしょう。

文字や言葉だけでは、いちばん大事なことは伝わらない。
だからこそ私たちは、師の心を受け継ぎ、その生き様を写そうと決めました。
つまり、北極老人に会いたくても会えない人がいるのなら「弟子のみんなが北極老人になればいいんだ」ってことです。

今の〝料理人ちこ〟がいるのは、まぎれもなく、師匠のおかげです。

もともと私自身は、特別な才能なんて何ひとつありませんでした。
ただ幸運なことに、ただ偶然に、北極老人に出会うことができただけ。

北極老人は、老いも若きも、男も女も、貧しい人も富める人も、助けを求める人には同じ愛情をもって話をされます。この子はセンスがあるから、頭がいいから、料理がうまいから、といった諸々《もろもろ》の条件で人を選ばれたことは一度もありません。

だから私も同じように、出会う人すべてを運命の人だと思って、ゆにわのお客様や、次世代をになう若者たちのために、ごはんを作り続けてきました。

もともと、とりたててなんのとりえもなかった私たちだって、こんなに幸せになれたのだから。どんな人でも、同じように食べ方、生き方を見つめ直したら、絶対に幸せになれると信じて。

するとどうでしょう。
食べに来てくださる皆様に、まさに奇跡としか思えないような出来事が、次々に起こるようになったのです。

「運命の人に出会いました」
「天職としか言いようのない職場にめぐり会いました」
「諦めかけていたけど、やっと子宝を授かりました」
「雲の上だと思っていた大学に合格できました」
「ずっと探していた、人生の目的がわかりました」

噂が噂を呼び、今では北海道から沖縄まで、全国各地からたくさんの方が足を運んでくださるようになりました。誠にありがたいことです。

さらに変化はそれだけにとどまらず。最近では「ゆにわのごはんを毎日食べたいから」と、近所に引っ越してこられる方が続々と現れたのです。

そうして、ゆにわを家庭の食卓のように大事に思い、毎日利用してくださる方が、今ではなんと数十名もいらっしゃいます。

そして、その中から、私たちと同じく「ここで感じた幸せを、また次に伝えたい」

と、名乗りをあげる人が、一人、また一人と現れるようになったのです。

ひかりのバトンリレーは、まだまだ続いていきます。

それは、たったひとつのおむすびから、始まった奇跡なのです。

ごはんは世界を救う

たくさんある食材の中でも、日本人にとって特別な意味をもつのが「お米」です。

炊けたときの、い〜い香り。

嗅《か》ぐだけで幸せになれる、あの安心感。

日本人のDNAに、ずっとお米に支えられ、育てられ、守られてきた歴史が刻まれているのでしょう。

そこには、作り手の思いのみならず、『古事記』の神話から語り継がれてきた物語がつまっているのです。

『古事記』にある『斎庭《ゆにわ》の稲穂の御神勅《ごしんちょく》』という話を、ご存知でしょうか？

あるとき、ニニギノミコトという神様が、アマテラスオオミカミの命《めい》を受けて神様

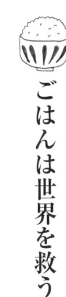

の世界「高天原《たかあまはら》」から地上界に降りてきました。これを「天孫降臨《てんそんこうりん》」といいます。

そのときに、アマテラスオオミカミからニニギノミコトに授けられたものが、現在も天皇家に代々伝わる「三種の神器」。


そしてもうひとつ、託されたのが黄金色に輝く「稲穂」でした。


「その稲穂から、お米を育てなさい。

そうすれば地上界も、天上界のように稔《みの》り豊かで平和な国になるでしょう」

激励を受けたニニギノミコトは地上界に降り、米づくりを日本中に広めていったといいます。

人々が活力に満ち、心は穏やかになり、争いは消え、永遠の幸福が続く世の中になりますように。日本のお米には、そのような神々の祈りが込められていたのです。

そして、その祈りを代々引き継がれ、現代の世にも伝えられているのが天皇なのですね。

毎年一一月二三日、戦後は「勤労感謝の日」と呼ばれるようになりましたが、本来は、「新嘗祭《にいなめさい》」という、宮中で最も大切な祭事が行われる日にあたります。

新嘗祭では、収穫された初穂《はつほ》をアマテラスオオミカミをはじめ、天地の神々にお供えし、五穀豊穣《ごこくほうじょう》を感謝したあと、天皇陛下も初穂を召し上がります。

これは神様から託され、ずっとずっと日本人が守り続けてきた悠久の歴史を、日本中のお米に思い出させてあげる儀式なのです。

私は、ひかりいっぱいのおむすびで人生が変わってから、どうしても、お米がただの食べ物だとは思えなくなりました。

神様からの〝賜りもの〟としか思えないのです。

それが事実かどうかとか、神様がいるかいないかとか、頭で理屈をこねくり回していたら「ひかり」は感じられません。それでは、せっかくの幸せも感じられないし、もったいないことです。

ただ、そのように想像してお米を扱っていたら、作る人も、食べる人もあたたかい気持ちになれます。

お米には、神様のひかりが入っています。

私たちの日常にも、そのひかりをいただく儀式が、さりげなくとけこんでいるのです。

食卓でお箸を〝横〟に置くのは、神様と人との境界線を表すそうです。

お箸を手に取ったら、目の前が神様の世界になるということ。

食事は神事そのものなのです。

「いただきます」は「いのちをいただきます」。

捧げてくれた、すべてのいのちへの感謝。

「ごちそうさま」は、その料理ができるまで、食材を育てたり、届けたり、料理したり、走り回ってくれたすべての人々、すべての神々への感謝。

本当の意味で、「いただきます」と「ごちそうさま」が言えたら、それだけでもう、お腹も、心も、ひかりでいっぱいになります。

子どもの幸せを願うなら、思わず肩の力が抜けるような、あたたかいごはんで迎えてあげたらいい。それだけで、やさしくたくましい子に育ちます。

パートナーの帰りが遅いなら、わざわざ帰って食べたくなるような、美味しいごはんを作ってあげたらいい。それだけで、二人の絆《きずな》は深まるものです。

家庭料理を作ることは、一見地味なことでしょうし、お給料も出ません。

けれど私は、最も尊重されて然《しか》るべき役割だと思うのです。

むしろ、お金には換算できない価値が、そこにはある。

一軒一軒の家庭が、幸福な食事をする。

それって本当は、すごく大きいことなのです。

たったそれだけのことで、間違いなく世界は変わるでしょう。ふだんの暮らしを変える以上に、人生を変える近道はないのです。

誰と、どこで、何を食べるか。それを今一度、見直してほしい。


豪華なごちそうを並べなくたってかまいません。

心をこめて丁寧に炊いた、あったかいごはんとお味噌汁。

あとは梅干しや漬物、納豆などの、日本の伝統的な発酵食品をちょっと添えてあげる。それだけで、もう十分に満たされます。


足るを知ると、日常にある小さな幸せに、気がつくようになります。

ぜひ一杯のごはんから、幸せを広げてみてください。

今なお続くお米の神話

神様がいるとしか思えないような偶然って、本当にあるんですよね。

忘れもしない、そんな思い出のひとつが、お米農家・網本欣一さんとの出会いです。

その日も、私はゆにわの厨房《ちゅうぼう》でランチの営業準備をしていました。

すると、いつも明るいホールスタッフの通称・村長さんが、大きな包みを抱えて現れたのです。

「ちこ店長ぉ〜、例のお米！　届いたみたいですよ！」

そういえば数日前に、埼玉のある米農家さんから「お米を送りました」と連絡をいただいていました。

「あぁ……。確か、網本さん、だったよね？」

なんでもそのお米農家の網本さん、「御食事ゆにわ」が特集された雑誌をたまたま本屋さんで手に取り、「お米を一粒一粒、目で見てハンドピッキングしている」というくだりを読んでたいそう感動し、私たちの思いにすごく共感してくださったのだと。

そして網本さんが、たまたま友人にその話をしてみたところ、なんと、その相手は毎月ゆにわに通われている、私たちと昔から顔なじみのお客様だったのです。

〝ご縁〟とは、まさにこういうことを言うのでしょう。

そこから話はトントン拍子に進み、近いうちに来店してくださることになっていたのですが、ゆにわに来る前に、ご自身で育てられたお米を送ってくださったのです。

「せっかくだから、今日、試しに炊いて食べてみよっか」

その場にいたスタッフたちと、わくわくしながら包みを開けました。

「うわっ！　えっ、何これ⁉」

スタッフの一人が驚きの声をあげました。

顔を出したお米のパッケージには、こう書かれていたのです。

――　斎庭《ゆにわ》の稲穂《いなほ》　――

「えっ、なんでうちの店の名前が……？」

私も一瞬、意味がわかりませんでしたが、これは偶然の一致でした。

「御食事ゆにわ」の店名は、日本の神話に由来します。

「ゆにわ」は「斎庭《ゆにわ》」と書き、古神道の言葉で「神様の降りる場所」の意味。

祭事のときに、場を祓《はら》い清め、人々が歌い踊り、美味しいごはんを食べて歓喜に包まれたところへ神様はいらっしゃいます。

お客様とともに「Ｕｎｉ・ｗａ」＝「ひとつの輪」になって、そのような空間を作り、守り続けられますように――。

そんな願いを込めて、この名を頂戴しました。

同じく、お米農家の網本さんもまた、ご自身で育てられたお米のブランド名に「斎庭の稲穂」と名付けられていたのです。

「すごいですね。なんか、うちの店（ゆにわ）のために生まれたお米みたい」

神話に登場する「斎庭の稲穂」は、アマテラスオオミカミが、ニニギノミコトに授けた黄金の稲穂のこと。

神代《かみよ》の昔からはじまった、そのひかりのバトンが幾星霜《いくせいそう》を経て今、私たちの手に託されたような不思議な感覚になったのを覚えています。

さっそく炊いて、いただいてみました。

すると、期待を裏切らない新しい美味しさ。

味とか、香りとか、そういう表面的なものだけで比較するのが失礼に思えるほど、食べると元気が湧いてきて、あたたかい気持ちになれる、ひかりに満ちたごはんでした。

数日後、網本さんは、埼玉県からはるばる来てくださいました。

けれど実際にお会いした網本さんは、パリッとしたスーツに身を包んだ、やり手のビジネスマンのような紳士な男性で、ちょっと予想外。でも、お顔は日焼けして真っ黒。きっと、日頃の農作業の勲章なのでしょう。

ご挨拶をしてから、ディナーコースを食べていただきました。
そして締めに、網本さんが育てたお米を土鍋で炊いて、お出ししました。

食後、一緒にテーブルについて、お茶を飲むことに。
第一声、網本さんがおっしゃいました。

「さっきの、本当に、うちのお米ですか⁉
いやぁー……、信じられない！
だって僕ら、毎日食べてるんですよ。なのに、ぜんぜん味が違う。
なんかさぁ、魔法か何か使ったでしょ？」

「ふふふ。ありがとうございます。いつも通り、炊いたんですよ。
私たちもすごく美味しくいただきました。ごちそうさまでした」

それから、話は尽きませんでした。

お互いに、お米に対する思いを語って、私からは、ゆにわの歴史、ピッキングのこと、水や土鍋のこと、仲間や生き方のこと。網本さんからは、お米づくりのこだわり、ご家族のこと、現代の農業のこと、日本の今と未来のことなど。

波長が合うというのでしょうか。

話せば話すほど、共鳴する思いに火が灯《とも》るようで、まだ会って間もないのに、深い絆を感じました。

「農薬、化学肥料、除草剤を使わず、美味しくて安心なお米を届けたい」

そんな思いから農家を始めた網本さん。

当初の苦労話を、たくさん聞かせていただきました。

猛暑の中、根性で草取りしても、草が生えるわ、生えるわで、はじめは慣行栽培（農薬を使った一般的な栽培方法）の三分の一の収穫量もままならなかったのだそう。

そんな折に、農薬、化学肥料を使わない農法に成功している恩師に出会い、そこで何年間も学んでこられたとか。

収穫量が確保できるようになった頃には、稲作を始めてからすでに約八年もの歳月が流れていたそうです。この話だけでも、並々ならぬ情熱が伝わってきました。

印象的だったのは、〝コナギ〟のお話。

「お米の天敵になる〝コナギ〟って雑草があるんですよ。水田に生える代表的な雑草なんですけど、これを手で抜いていく作業は、ほんとにきつい。

一日中かけても、ほんのわずかしか進まない。

あまりの果てしなさに『えっ！　まだこれだけしか進んでないの!?』って、何度天を仰いだか。除草剤がなぜ生まれたのか身に沁《し》みてわかりますよ。

でも手が回らなくなって、完全にコナギに負けた田んぼがあったんです。

まわりの農家からも、さんざん文句を言われました。

『うちの田まで広がったらどうするんだ！』って。

そのときに、不謹慎かもしれないんですけど、田んぼ一面に咲く、紫色のコナギの花を見て、思っちゃったんですよ。

あぁ、キレイだなって（笑）。

このコナギや雑草を殺して、米だけを育てる考え方そのものが、間違っていたんじゃないかって、感じました。

雑草が、敵なんじゃない。
雑草を、敵だと思う自分の心が、本当の敵なんだって。

そこから、田んぼのすべての生き物とともに生きるって考え方にシフトしたんです。
コナギにも、コナギの役割がある。ただ、稲が負けてしまっているだけ。
だからコナギをはじめ、雑草を敵視しなくなったんです。
田んぼ全体を見渡すようにした。
そしたらね、すごいことが起こったんです。

田んぼ全体で自然とバランスがとれていったんですよ。

そんな環境で育った稲はたくましくて、お米に自然の気が宿るっていうか、本当に美味しい。元来、お米って霊的な食べ物だと思うのです。耕作者の愛は当然お米に伝わるし。それを食べる私たちも、その恩恵を最大限に受けることができる。そうやって日本人の魂って、守られているんじゃないかな」

あぁ、この方はまるで子育てをするように、また同時に、神社の儀式のように、大切にお米を育てていらっしゃる。そのお米に対する向き合い方に愛を感じ、この人が作るお米を、ぜひみんなに食べてほしいと思いました。

その思いから、ゆにわの名物「いのちのおむすび」のお米として、「斎庭の稲穂」を使わせていただくようになったのです。

お米の大切さが、日に日に忘れられている日本を、今一度、美しい国にするために、このお米が必要だったから、きっと神様がこのご縁を紡いでくださったのでしょう。

『古事記』に描かれている神々の世界は、大昔の日本の姿です。
つまり神話は、今の私たちの祖先のお話でもあるということ。
人類みんな、もとを辿れば神様、というのが神道の考え方なのです。

ところが西洋の神話は違います。神は神。人は人。
人は神の創造物であり、下僕《しもべ》であり、罪深き存在だとされています。

日本の神話では、人もケガレを祓《はら》い清め、ひかりをいただいたら、神様になれる。
そこへ至るための、神聖な食べ物が〝お米〟なのです。

私たちの究極の過去は、〝神様〟だった。

そして、究極の未来は、神様のようになることがゴールなのです。

大昔の話が神話として語り継がれているなら、私たちが生きる今が、一〇〇〇年後の神話になることだって、きっとある。だから神話は、今なお続いていて、私たちは、その続きを演じているようなものなのです。

でも今、日本の食は、崩壊寸前。
神様から受け継がれた「斎庭の稲穂」が、失われつつあるということです。
日本人なら、見て見ぬふりはできないでしょう！
今、この局面をどうやって切り抜けるかが、試されているように思います。

神話として語り継がれ、歴史に名を残すのは、一部の人や神様だけかもしれません。
けれど、実際に未来を作るのは、一人ひとりの日常です。
人生は、神話の舞台。
だから神話の続きを綴《つづ》るように、丁寧に、慎み深く、そして、おもしろく。
神様の想像を超えるような日々を、生きたいと思うのです。

本来のレストランは回復する場所

レストランの語源は、「リストアー（restaurer）」。

「回復させる」という意味です。

もとはフランス人が調合した滋養たっぷりのスープをそう名付けたことから、時を経て飲食店全般のことを指す言葉になったのだそう。


それなのに今、多くの飲食店が「回復しない場所」になりつつあります。

自炊ができず外食に頼っている人が多い現代ですから、飲食店はこの国のすべてのいのちを支えている大切な場所のはず。

それなのに、飲食店で働く人が、いろいろな意味で辛い状況にあることを、どれだけの方がご存知でしょうか？


日本の食産業が弱っていったら、明らかに未来に希望はありません。

だから、今の飲食店の嘆きを、多くの方に知っていただきたいのです。

「元気になれる料理」よりも、「お金が取れる料理」を出すお店が増えて。
「手間暇かけた料理」よりも、「早くて手軽な料理」に人が集まって。
「毎日食べたい料理」よりも、「インパクトのある料理」が主流になっている。
「愛情を込めた料理」よりも、「利益の出る料理」が主流になっている。

それが認めざるを得ない現状なのです。

どうして食事の本質が失われてしまったのか、理由は単純です。
食べる側の人が、食べることを大事にしなくなったから。
食費を節約して、他のことを優先しようとする人が多い世の中だから。
ごはんの価値が、下がってしまっているのです。
だからどうしても、飲食業は苦しい状況に追い込まれてしまいます。

たった一年で三分の一の飲食店が廃業。
二年以内に二分の一の飲食店が閉店しているという、信じがたい報告もあります。

五年続く店なんて、ほんの一部。一〇年続くなんて、奇跡。

それほど、飲食店は儲《もう》からない仕事になっているのです。

にもかかわらず、仕事はハード。これは一度でも経験すればわかります。

厨房の仕事は、体力勝負。立ちっぱなしの動きっぱなしです。

料理したら汚れるし、食べたら洗い物は出るし、掃除、片付けはエンドレス。

それに厨房は、火も、刃物も使う。気を抜けばケガをする危ないところ。

料理界で、調理場はよく戦場にたとえられますが、一流料理店の厨房を見たら、なるほど、その意味がよくわかります。

時間との勝負の中で、いかに丁寧に、迅速に作業するかが問われるのです。

そして何より、休むことができません。

食材は放っておいたらすぐに腐ってしまうし、せっかく苦労して作った料理も、食べ頃を逃したら、もう商品にはならない。ちゃんとごはんを作ろうと思ったら、毎日、毎日、作り続けないといけないのです。

そんな状況で、保存料や、冷凍、真空などの技術が発達したのも頷《うなず》けます。ところが加工食品が進化したら、安くて、速くて、簡単に、いろんなものが食べられるようになり、今度はそれらと比べられるようになってしまった。だから、飲食店に求められるレベルはいっそう高くなっています。

そんな時代の煽《あお》りでしょうか。料理人を目指す若者も減っているようです。きっと暮らしの中で、美味しいごはんを作ってもらって、元気をもらった、感動した、笑った、そんな幸せに触れる時間が少なくなっていることも要因でしょう。ごはんのありがたさを感じることがないから、料理人に憧れないのです。

ドラマや映画で、人気の俳優さんがパティシエや板前を演じたら、そのときだけ、急に就職志願者が増えるそうです。でもミーハーな動機ですから、やっぱり長続きする人は少ない。

それでも新人から時間をかけて育てて、やっとの思いで右腕になるくらい腕を上げたと思ったら、今度は自分の店をもちたいと、みんな独立していくのが普通なのです。だから、どこの飲食店でも後継者がいないことに、頭を抱えておられます。

真面目にやろうとするほど、大変なんですね。

それに、良い食材を使って、どれだけ美味しく作っても、味がわかる人は、ごく僅かしかいらっしゃいません。

事実、鰹《かつお》節からひいた本物の出汁《だし》よりも、香料とうま味調味料で作られた偽物の出汁の方が、「美味しい」と答えてしまう人が多いといいますから。


現代人は、まともな〝舌〟をもつ人が、確実に減っているのです。


知人のらーめん店の主人は、「化学調味料を使うのをやめて、ちゃんと鶏や野菜から出汁をとってみたことがあった。そしたら、お客さんから不評で、結局、もとに戻したんだよ」と、悲しんでいました。

それくらい、本当に美味しいもの、体にいいごはんを追い求めることが難しくなっている。だから余計にレストランが「回復する場所」ではなく、お金を払って「お腹を満たすだけの場所」になっていく。

大事なことが、置き去りになっていますよね。

とはいえ商売ですから、理想だけでは成り立ちません。食材の原価や人件費を頭においてて料理しないと、お店を潰してしまいます。

「こっちの食材を使ったら、もっと美味しくなるのに」とわかりつつも、安い方を選ばざるを得ないのは普通のことなのです。

そんな現実と折り合いをつけながらも、お客様に笑顔になってほしい、元気になってほしい、という純粋な思いをこめて、料理を作る。

それが料理人という仕事です。

ずるいことをせずに続けようと思ったら、儲け以上の、やりがいや探求心、人を愛する気持ちや志がなければ、なかなか続けられない、高貴な仕事だと思います。にもかかわらず、料理人が真心から離れざるを得ない社会になっているなら、残念でなりません。

だから私たちが挑戦しているのは、飲食店の新しい可能性を広げること。

ゆにわは、「リストアー（回復する場所）」であり続けるために、いろんな創意工夫を重ねてきました。

一言でいいますと、〝チーム戦〟で乗り越えてきたのです。

ゆにわの各店舗は、グレイトティーチャー株式会社が母体となって運営しています。

今は従業員が増えましたが、もともとは一緒に「御食事ゆにわ」を立ち上げたメンバーで作った小さな会社でした。

飲食業だけでなく、大学受験塾、セミナー事業、「ゆにわマート」という私たちが日常で選び、使い続けている生活用品を集めたショップ、健康サロンなど、今ではいくつもの事業を運営しています。

その社長を務めているのが、私の二つ年上で、姉弟子にあたる長尾瞳。彼女は、会社の経営を一手に担い「ちこは、ただ食べる人の幸せを思って、心おきなく料理をすればいいから」と言ってくれて、採算が合わないほどいい食材を使わせてくれたり、身に余るくらい立派な厨房を用意してくれたり。本当に恵まれた環境を与えてくれました。

そして、ゆにわを守るために各事業の収益を合わせ、「(お給料よりも) お店のために使ってください」「もっといい食材を仕入れよう」というメンバーたちと心をかよわせながら、なんとかやってくることができました。

けれど、現実は厳しいものですから、社長には私の想像が及びもつかないところで、ずいぶんと苦労をかけたのだろうと、頭が下がります。

普通では考えられないような美味しいごはんを、みんなが毎日食べることができたのは、そのような背景があったからなのです。

そして、日々の現場も、チームプレーで回っています。

とりわけ、そのカラーが色濃く表れているのが「社員食堂ゆにわ」です。

このお店はその名の通り、スタッフと、大学受験塾ミスターステップアップの塾生たちのために設けたセルフサービスの食堂ですが、ご希望いただき一般のお客様にもご利用いただいています。

ここでは、スタッフも塾生たちも、食べたあとの食器を返却口に戻す前に、ペーパーを使って、お皿に残る油などをキレイに拭いてくれます。

ルール化したわけではないのですが、みんな心遣いでそうしてくれるのです。

そのおかげで、洗い物にかかる手間がどれほど軽減されているでしょう。

一人ひとりが、その場を大切に思う気持ちが形になって、いつの間にかルールのようになった。そういうさりげない助けが他にも無数にあるのです。

そして社内では、食器洗いはみんなの仕事です。

飲食部以外のスタッフも、食事の前後に代わる代わるエプロン、帽子、靴を履き替え、洗いものをします。

私も、ドドッとお客様がいらっしゃって、洗い場がパンクしているのを見かけたら、全スタッフに「一〇分でいいから手伝って！」なんて声かけをして、ヘルプを求めることがあります。

すると、ふだんは事務や経理、ＷＥＢ関連の仕事をしているスタッフが、厨房着を着て現れ、さっそうと手伝ってくれるのです。ほんとに頼もしい。他部署のことだから、って他人事《ひとごと》になるスタッフは一人もいません。困ったときはお互い様。助け合うのが当たり前の感覚になっているのですね。

こんな風に、みんなで役割分担しながら守っているのが「ゆにわ」という飲食店なのです。

また、〝いつも食べてくれる人がいる〟ということにも、救われています。

「最近お客さんが少なくて、食材も料理も余ってしまった……」

そんな悲しい運命が、飲食店にはつきものです。

ところがゆにわには、スタッフ、塾生に加えて、ご近所の皆様、たくさんの人たちが、毎日決まって食べに来てくださいます。

だから、普通の飲食店では考えられないくらい食材のロスを抑えることができ、より良い食材が使えるのです。

いつも料理を食べてくれる人がいる。

作り手にとって、こんなにありがたいことはありません。

さらに、メニューは基本的に「お任せ」です。

これも、大切なこと。

それぞれが、好きなものを注文するスタイルだと、食材のロスも、調理の手間も増えます。

さらに言うと、食べるものが偏っていきますから、体にも良くないですし、先入観による〝食べず嫌い〟も増えてしまいます。

お任せメニューにすると、時には苦手な食べ物が出てくることも当然あります。そこで「絶対食べなきゃダメ！」なんて強制はしませんが、ゆにわで食べ続けるうちに、勝手に好き嫌いがなくなる方がすごく多いのです。

いい食材を、いい気持ちで調理したら本当に美味しいから、それまで嫌いだと思っていたことが、ただの思い込みだったと気付くのでしょう。

どのご家庭でも、毎日のごはんは、基本的に「お任せ」ですよね。

「お母さん、明日はハンバーグが食べたい！」とか、そういったリクエストはあっても、献立を決めるのは、買い物に行ったお母さん。

ゆにわでも、まず旬の食材を仕入れて、そこから献立を決めていきます。

手に入る食材によっては、急にメニューが変わることも。農家のおじさんが「昨日、タケノコが大量に穫れたから」と、分けてくださったら、「よし！　今日のメニューはタケノコ尽くしに変更！」という具合です。

自然は操れませんからね。でも自然に合わせるからこそ、いちばん美味しい旬のものを食べることができるのです。そのことをみんな理解してくれているから、選べないことに文句を言う人はいません。

そんな取り組みを続けているうちに、最近、よくこんな言葉をいただくようになりました。

「ここって、まるで〝一つの村〟みたいですね！　〝ゆにわ村〟だ‼」
スタッフはもちろんのこと、なじみのお客様との間にも、「力を合わせてゆにわを守ろう！」という連帯感が生まれているのを感じて、そのように言ってくださるのでしょう。

いわばこの場所は、村のみんながごはんを食べる「食卓」。
だから、村人みんなで守ることが自然になっていった。
食卓がなくなったら、明日のごはんが食べられない、生きられないのですから！

大掃除の日には、スタッフも総動員。
さらに近隣の有志の方が集まってくださり、力を合わせます。
その様子は、さながら村のお祭りのよう。

一昔前は、家族が多かったし、ご近所さんや親戚とのつながりも濃かったので、おじいちゃんもおばあちゃんも、子も孫も、一緒に食卓を囲んで、大人数で食べる風景が普通でした。
けれど今は、家族というつながりが薄い時代になりました。
独身の方も多いですし、両親が共働きだったり、母子家庭、父子家庭だったり。
一人でごはんを食べる人が増えています。
だから、愛情不足にも、栄養不足にもなりやすい。

そして結局、外食に頼りがちになりますが、ほとんどの飲食店は、「毎日食べること」を想定した食事ではありませんから、どうしても味付けが濃かったり、油が多かったり、バランスが偏ったりします。

だからこそ、毎日の食卓になり得るお店が必要だと思うのです。
ゆにわは、その〝雛形《ひながた》〟になるようにと願いを込めて作りました。

自分たちが食べるまかない料理も、お客様にお出しする料理も、分け隔てない愛を込めて作るのが、ゆにわのモットーです。
大それたことからじゃなくて、食卓から変える。

毎日のごはんを中心に、血縁という枠を超えて、みんながつながれる。
そんな世界が訪れることを願い、自分たちの使命の炎を燃やし続けています。

食材を愛するということ

私と、今この本を読んでくださっているあなたは、同じ「人間」です。けれど、親も違うし、育てられた環境も、見てきた景色も、何もかも違います。だから、同じ「人間」だけど、まったく別の「人」ですよね。

何を当たり前のことを？　と思われたかもしれません。

でも、たとえば、大根や、人参や、お肉やお魚、一つひとつの食材を、そのような目で見ている人って、どれくらい、いらっしゃるでしょうか？
同じ「大根」でも、一〇〇本あれば、一〇〇通りの「大根」があります。
みんなそれぞれ、違う物語を歩んできたはずです。

食材を愛するということは、そういう目で見てあげることだと思うのです。

人は愛を忘れると、目の前の人、もの、空間を、ちゃんと見ることができなくなってしまいます。そうなると、「情報」だけで物事を判断してしまいがちになります。

誰だって、職業、収入、容姿、学歴、成績……といったスペックだけで人としての価値を判断されたら、悲しい気持ちになりますよね。それは、「本質を見てもらえてない」と感じるからでしょう。

食材を選ぶにおいても、単純に「無農薬」「無添加」「有機栽培」「○○産」という表示だけを見て「これは良いもの」といった短絡的な見方をすると本質がわからなくなると思います。

食材を届けてくれた人、育ててくれた農家さんの思い。
自然の恵み。農作物を育んだ大地の微生物たち。
食材のいのちが生まれて、大きくなるまでの記憶。
目に見えない、たくさんの情報がある。

料理とは、その架け橋を作り、食べる人にお取次ぎするものです。

だからこそ私は、料理に関わる一人として、料理と向き合うときの思いを大切にしたいし、それぞれの食材背景を感じることも、調理の一環だと捉えます。

食材の中には、表示には良いことが書かれているのに、食べても元気になれない、ひかりを感じられない食材も少なからずあります。

どうしてそうなるんだろう？

その疑問は、ただ食材だけを見ていたときはわかりませんでした。

けれど、食材を届けてくれる人、紹介してくれる人、作っている人、売っている人、たくさんの人との出会いの中で、徐々にわかってきたことがありました。

どうやら、その食材がもつ目に見えない栄養は、「どんな目で見られてきたか」によって決まる、ということです。

近年では、危機的な状況にある日本の食を守ろうと、誠実に食材と向き合っている方がたくさんいらっしゃいます。

しかし、その一方で、自然食や健康食ブームが加熱するあまり、「いい食材を届けたい」という信念よりも、利益を優先する気持ちが勝ってしまうケースも、残念ながら多くあるようです。すると、食材を見る目が冷たくなります。もちろん商売ですから、利益を求めずには成り立たないのですが、心の比重がどちらに偏るかが肝心だと思うのです。

また、作り手ご自身がエネルギー切れの状態で、どこか義務的でしんどい、いやいや……の気持ちで作っていたり、「うちの食材がいちばん！　他のはダメ！」と、ガンコで排他的な考えに陥ってしまうと、食材を見る目もいびつで偏ったものになってしまうので、食材はその影響を受けてしまいます。

だから、「無農薬」「有機栽培」「無添加」などの表示があるからといって、必ずしも〝いいもの〟とは限らないのです。

私は情報よりも、その食材を作ってくれた人、届けてくれる人の、お人柄をすごく大事にしています。

ゆにわの仕入先としてお世話になっている生産者の方々は、農家さんも、魚屋さんも、乾物屋さんのおじいちゃん、お豆腐屋さんのおばあちゃんも、養鶏場のおじいちゃんも、みんな本当に個性的でお心のいい人ばかりなんです。

「お心がいい」というのは、触れるだけでほっとするような空気感。

食材を見る目が、あたたかくて、やさしい。

食材を口にする人のことも、大事に想っている。

それが表情から、言葉から、丹念な仕事から、伝わってくる。

そのお人柄が全部、届く食材に映っているんです。

そういう食材たちは美味しいのはもちろん、それ以上の価値を感じさせてくれるんですよね。

ひかりを見出そうとするから、ひかりが生まれる。

本質を見つめるから、本質が目覚める。

人の目には、そんな不思議な働きがあります。

眼差《まなざ》しが美しい人が増えて、世界がもっと、美しくなったらいいですね。

ハンドピッキングはゆにわの心臓

ゆにわのおむすびを食べて、涙を流す人がおられます。

きっと、舌で感じる味わいだけでなく、魂に響く〝何か〟を感じて。

その〝何か〟を生む、大切な儀式が、ゆにわオープン当初からずっと続けてきた、「お米選別の儀（ハンドピッキング）」です。

白米なら精米したてを、玄米ならそのままを、白いバットの上に広げ、割れたり、欠けたり、黒ずんでいるお米、籾殻《もみがら》、異物、元気のなさそうなお米を、一粒ずつ手作業で取り除いていきます。

ちなみに、お米というのは、害虫に食べられて黒い斑点ができたり、石や、雑草の種など、収穫するときにどうしても異物が混入します。でも、一般のご家庭の食卓に並ぶごはんに、黒い粒や石が交じっていることは、ほとんどないでしょう。それは、農薬や品種改良によって害虫の被害を抑えているから。そして、収穫後に光センサーを使った選別機にかけられているからです。


けれど、小さな農家さんは高額な選別機を導入するのは難しい。

だから、そのまま出荷するしかないところも多いのです。

ところが消費者は、どうしても「見た目のキレイさ」や「一定の品質」を求めがちです。すると、農薬に頼らず、丹精込めて育てられた美味しいお米が、なかなか売れなかったりするのです。

ブランド米や、無洗米といったキレイで、便利で、安定したもの。ある意味、自然の営みが感じられない、人間味の薄まったものだけが、よく売れていく。

これは野菜でも、何でも言えることです。形が悪かったり、大きさがバラバラだったりするものは売り物にならず、泣く泣く捨てられることもよくあります。


人は天地自然に生かされている。

その当たり前のことに、気付かなくてはなりません。

自然のものですから、見た目がキレイに揃っている方が、本当はおかしいのです。

ゆにわのお米は、農家さんから直送です。

ですから当然、一粒一粒に個性があります。

ピッキングをしていると、同じお米でも届く時期によって、一袋一袋、わずかな違いがあることに気付きます。

今回届いたお米は、ずいぶん黒い粒が多いなぁ、粒が小さいなぁ、なんてこともあるのです。

その分、ピッキングに手間はかかりますが、まるでお米と対話しているような気持ちになれます。虫が多くて、農家さんも大変だったのかな、とか。よくここまで大きく育ったね、とか。欠けているところも、ご愛嬌《あいきょう》なのです。

正確さ。速さ。それらにおいて、人は機械に勝てません。

でも、単なる作業ではなく儀式のように、人の目で見て、手で触れることで、ごはんは一段と輝きを増して、美味しくなるのです。そしてなぜか、食べたときに魂に響く感動が生まれることを、私たちはよく知っています。

だからこそ〝一粒一粒を見る〟という地道な作業を、ずっと守り続けてきたのです。

しかし、その道のりも、決して平坦ではありませんでした。

なにせ、「御食事ゆにわ」「べじらーめんゆにわ」「社員食堂ゆにわ」すべての店のお米をピッキングするのですから。

当初は、せいぜい一日一〇合くらいだったお米の使用量も、今や毎日およそ約二〇〇合。年間で、なんと一〇トンにも及びます。

ちょうど、「社員食堂ゆにわ」がオープンした頃から、ごはんの消費量が輪をかけて多くなりはじめました。

各部署からスタッフが集まり、毎週決まった時間にピッキングをしていましたが、だんだん、時間内に終わらなくなってきたのです。もち回りで夜を徹してピッキングしないと、回らない状況になりました。

ゆにわでピッキングを行う際は、さまざまなルールがあります。

食べる人の幸せを祈りながら。
お米に宿る神様のひかりをお迎えするように。
自分自身の心も清めるつもりで。
おしゃべりせず、無心になって。
丁寧に、丁寧に。速く、速く。
心も、体も、元気な状態で。
日常の雑気をもち込まず。
神聖な儀式として行うこと。

このようにして行うことで、お米が品上《しなあ》がるだけでなく、自分たちも元気になれたり、雑念が消えたり、感謝がこみ上げたり、大いなるつながりを感じられたり、人生の大事なことに気付けたり、思いがけない恩恵をいただけるのが、ゆにわ流のピッキングなのです。

ところが、あまりにピッキング作業が多くなりすぎて、逆にスタッフが疲弊《ひへい》しかねない状況になりつつありました。

続けるか、やめるか。ピッキング存続の危機でした。

やめてしまうことは簡単です。

けれど、一から一〇まで機械に任せてしまうことは、同時に、何かを失うことも意味していました。


ごはんをほおばったときの、得も言われぬ幸せ。

震えるような感動。涙こぼれるようなあたたかさ。


それは、お米一粒一粒に目をかけて、愛《め》でた気持ちが、食べる人にも伝わっているからこそ、生まれるものでしょう。もちろん、機械や技術に頼ることはあってもよいと思いますが、それは〝手を抜く〟ためではなく、〝手を尽くす〟ためでありたいのです。

その精神が、ゆにわの「命」とも言えるお米を支えてきました。

脈々と続いてきたゆにわの鼓動を、止めるわけにはいかない。

だったら、手を増やすか、手を早めるしかありません。

そこで、徹底的にムダを見直し、精度は守りつつ、より速くできる方法を考えました。作業場所も、より広い部屋に変更。大人数で一気に作業できるように専用の道具一式を揃えたのです。

あとは人手です。有志を募ったところ、ありがたいことに、「ぜひ、手伝わせてください」と、たくさんの方が手を挙げてくださいました。

今では、スタッフ、塾の卒業生、有志のお客さん、総勢およそ五〇名で毎週二回、一斉にピッキングをしています。準備から片付け、最後は体を伸ばす体操もみんなで行う。

粛々《しゅくしゅく》と、かつ祭りのように熱く、みんなでみんなのお米を守っているのです。

昨今では、「祭り」というと、ただ〝楽しむためのイベント〟というイメージが定着しつつありますが、もともとの意味は違います。日本人は、お祭りにさまざまな思いを込めてきたのです。

立派なビルも、クーラーも、冷蔵庫もなかった頃は、目がくらむような日差しも、暴れ回る台風も、跳びはねる虫たちも、もっと身近なものでした。

疫病が流行ったり、水が涸《か》れたり、暴風で家を飛ばされたり、食中毒に苦しんだり……。大自然の脅威は、生活のすぐそばにあって。場合によっては〝生きるか死ぬか〟の世界だったのです。

そんな大自然の中で、自分を守り、大切な食料を守り、かけがえのない家族や仲間を守り、お力添えをいただくために、大自然を司る神々と思いを通わせる。

それが祭りの意義です。

「祭り（マツリ）」の言霊は、「間釣り（マツリ）」。

神様と人間の〝間〟のバランスをとって、〝釣り合わせる〟のが、祭りの役割だったということ。今の日本があるのは、そのおかげです。

けれど明らかに今の人は、神様が見えなくなっています。

みんなの幸せが二の次、三の次になってしまって、自分本位な考え方、暮らし方、働き方、そして、食べ方が蔓延《まんえん》している気がしませんか？

お米のおかげで、私たちは生まれ、生きてこられたのに、その恩を忘れ、「ごはんは炭水化物だから太る」なんて言って憚《はばか》らない人が多くなっているのは、誠に残念なことです。

とは言いましても、私もほんの十数年前までは、大のごはん嫌いでした（笑）。

そんな私が、お米の大切さを、いつまでも忘れないでいたいと思うようになったのは、奇跡としか言いようのないこと。

だからこそ、伝えてくださった北極老人に感謝を忘れず、お米に触れる時間を、ご神事だと思って臨み続けています。

ごはんは、日本人の魂を生み、育て、結んできた、魂の栄養です。

一人ひとりが、そのような目で見て、扱うからこそ、御魂《みたま》に響く味になるのでしょう。

お米は精神を潤すパワーフードだということが今一度、思い出されますように、心から祈っています。

自力で味付けしない

近年、レシピ本がたくさん出版されていますね。

インターネットを開けば、クリックひとつで無限にレシピ帳が開けますし、料理教室も流行っているようです。

私の本では、あえて詳しいレシピをほとんど書いてきませんでした。

書いたとしても、あくまで心構えが大事と念押ししたうえで、お伝えしています。

それは、手順や、技術ばかりが一人歩きしてほしくなかったからです。

レシピをお伝えしなくても、ゆにわでごはんを召し上がって、何か感じるものがあって、ごはんが美味しくなったという方は、たくさんいらっしゃいます。

「毎日、土鍋でごはんを炊くようになりました」

「子どもが、お母さんのごはん美味しいって、おかわりするようになりました」

「妻の料理がすごく美味しくなって、晩ごはんが毎日の楽しみなんです」

皆さん、とっても幸せそうな笑顔で報告してくださいます。

手のこんだ料理じゃなくていいから、あたたかい気持ちで、純粋な愛念で、食材への感謝を込めて、料理する。そんな姿勢ができたら、勝手に美味しくなるんですね。

やはり、どんなに素晴らしいレシピを前にしても、作り手次第でレシピ以上にも、レシピ以下にもなってしまうものなのです。

まず大切なのは、その人自身の〝在り方〟。

料理には、その人の心が映し出されます。

単純にいえば、同じ分量をイライラしながら鍋に入れているだけの人と、食べる人の幸せを願いながら鍋に入れている人がいたら、それだけでまったく違う料理になります。

見た目は一緒かもしれません。

でも、食べる前の空気感、食べたときの安心感、食べたあとの余韻……。

どれをとっても、違ってくるはずでしょう。

私はその違いを、北極老人が握ってくれたおむすびによって、気付かされたのです。

そのおむすびは、特別なお米だとか、お水だとか、塩だとか、もちろん、こだわりはあったのですが、それ以上に私は握ってくれる〝人〟に興味をもちました。

「先生が握るから、こんなに美味しいんだ」

そう直感したからです。

一口食べただけなのに。どうしてこんなに、あったかい気持ちになれるんだろう。何を思い、なんのために、このおむすびを握ってくれているのだろう。興味は尽きませんでした。

当時の私は、勉強どころではないくらい、学校生活が辛くて悩んでいました。

精神はぼろぼろでしたし、頭の中は常にネガティブ。

人と話すこともしんどい。本音が出せない。そんな毎日……。
けれど、おむすびを食べるときだけは、素直な自分になれたのです。

高校生までの私は、まわりの目ばかり気にしていました。
よく見られるように、期待に応えられるように、評価されるようにと、八方美人だったと思います。そのモノサシで測られた結果で、私の存在価値が決まってしまうように感じていたからです。

――でも、違った。

私がこれまで出会った中で、とびっきり幸せそうに見える北極老人は、何にも縛られていない。むしろまわりからなんと言われても、たとえ白い目で見る人がいても、真実を求めて、愛を貫く信念があった。

その生き様が、いつも美しくて、かっこよかった。

大学時代、北極老人からこう教わりました。

「人の顔色ばかりうかがっている日和見《ひよりみ》主義者に、魅力は生まれないよ。敵を作らない人は、味方を作らないし、多くを学べない。我を張らないから、実力がつかない。魅力が生まれない。おもしろくない。失敗がないから、怒られない。気付きがない。悟りがない。つまり、向上できないということだからね」

私は大学生になって、モノサシをもち替えました。

友人からも驚かれるほどがらりと変わって、もはや別人になったのです。

食べ物で、ここまで生き方が変わってしまうなんて。

すごいことだなぁと、まるで他人事《ひとごと》のように感心してしまいます。

でも北極老人は、決して「こういう子になったらいい」とか、何か結果を求めておむすびを握ってくれていたわけではありません。

ただただ、そのままの私が輝けるように、見守ってくれていました。

「ちゃんと勉強しなさい」

「いい大学を目指しなさい」
「あなたの将来のためだから」

そんな思いやりに似たセリフは、世の中に溢《あふ》れていました。
でも私は、その言葉に素直になれなかったのです。
その一言一言の背後に、何か濁りを感じてしまったから。
自分を操作《コントロール》されている気がしたからかもしれません。

けれど、あの塩おむすびの背景に感じた北極老人の思いは、いつもあたたかくて、真っ白で、どこまでも澄んでいたのです。

何も求められていない。
ただ愛だけがあった。

それが、私を変えてくれました。

北極老人いわく。

「多くの人間は、素材を自分好みに、力づくで〝味付け〟しようとする。

なぜかって？

素材がもつ潜在能力を、信じきれていないから。

素材本来の魅力に、気付いていないからだろう。

味付けするのではなく、素材のもつ〝ひかり〟をお迎えすること。

料理の極意も、恋愛の極意も、子育ての極意も、すべて同じだよ」


私も料理をする中で「(自分で) こんな味にしよう」とか「この味はダメ」とか食材たちに押しつけることはしないと、心に決めています。食材の奥に眠るもち味を、根気よく、丹念に調理して、〝お迎えする〟ような感覚でしょうか。

すると、食材たちの方から語りかけてくれるのです。

自分の過去の辞書にないことでも、

「今日のトマトは、パスタソースにするのが美味しそう！」

「このほうれん草は、お浸しよりも、届いてすぐのベーコンと炒めるのがいいかも」

といったように、ひらめきが降りてくる。

いい意味で他力本願な料理。それがゆにわ流。

自力で味を決めにいかないからこそ、自分の想像よりも遥かに次元が高い美味しさに出会えることもあるのです。

そのたびに、「えっ、これ本当に私が作ったの？」と驚いてしまうほど。

それがゆにわの厨房に立つひとつの醍醐味《だいごみ》であり、感動する瞬間です。

そのような経験を重ねていくうちに、かねてより北極老人がおっしゃっていた「食材の声なき声を聞きなさい」という意味が、だんだんとわかってきたのです。

結果を求めるほど、むしろそれは遠ざかる。

心を込め、手を尽くしたら、あとはもう「すべて神様にお任せします」という気持ちで、食材のひかりと、ゆにわの空間とを信じ抜く。

ただただ、食べてくれる人の魂に響くようにと、天に願って。

食べ物の物語に思いを馳せる

食べ物を大事にすることは、いのちを大事にするということです。

ゆにわでは、季節のイベントごとに、お持ち帰りのメニューをご用意しています。節分の恵方巻《えほうまき》、ひな祭りのちらし寿司、お朔日《ついたち》の赤飯など。いずれも予約制です。

どうして予約制なのか？

その理由は「日持ちしないから」に尽きます。

以前、あるニュースが世間を騒がせました。

全国のコンビニ、スーパーなどで販売され、売りきれなかった大量の恵方巻がゴミ箱いっぱいに捨てられている写真つきの記事です。それはそれはすごい量で……。すべて集めたら、何千、何万食になるのでしょう。

二月三日の段階で恵方巻が捨てられているのは、「腐っているから」ではなく、添加物や保存料を入れたとしても、お米は硬くなるし、ましてや季節のものなので、二月三日を過ぎたら売れなくなるから。


扱いが「食べ物」ではなく、ただの「売り物」でしかないのです。

残念なことに、飲食産業の世界ではこれが当たり前なのです。


むしろ、このように表沙汰になるのは、ほんの一部。

もっと悲惨な現状が隠れていることも知っています。


日本では年間で六〇〇万トン以上のフードロスがあると言われています。

これだけの食べ物を、まだ食べられるのに、捨てているのです。

ちなみに、そのおよそ半分は家庭から出ているゴミ。

冷蔵庫に眠ったまま腐ったり、カビが生えたり、消費期限が過ぎたりして、捨てられる食品たちが、こんなに多い。

食べ物の世界が、こうした事態に陥っているからこそ、見て見ぬふりをするのではなく、自分たちはどうするべきかを考えています。

昔の日本人は、お茶碗にごはん一粒も残さないように躾《しつ》けられるのが普通でした。ごはん一粒一粒に神様が宿っているから、と教えられたのです。もし、神話を知らなくても、田植えや稲刈りの大変さを一度でも経験したら、その意味が体でわかります。

ごはん一粒にも、汗水たらして働いてくれた、たくさんの人の苦労がある。そして、お米を神聖な食べ物として守ってきた人たちの思いがある。その物語を知っていれば、「たった一粒でも大事にしなきゃね」と思うのが、人として当たり前の気持ちでしょう。

〝もの〟に、〝もの〟以上の価値を与えるのが〝物語〟です。

日本の伝統料理一つひとつにも、生まれた背景があり、必ず物語があるものです。

それを感謝して食べることで、日本人は神様からの恵みをいただいてきました。私たち自身、こういった行事を大切にするうちに、人の深い部分が満たされていくことを、肌で感じてきたのです。

だからこそ、ゆにわでは作る人も食べる人も、売る人も買う人も、立場を超えて協力し合い、食べ物の物語を語り、神聖なものとして受け渡しすることにこだわっています。

食べ物を扱う者として、たとえ目の前の小さなことでも、目に見えない背景を無視せず生きていきたいのです。

本物の感覚にすり合わせる

本物を見極める目がなければ、簡単に騙《だま》されてしまう世の中です。

私の食の講座では、よく「食べ比べてみようの会」を行います。

ゆにわで手作りした食べ物と市販の加工食品とを比べたり、伝統的製法から生まれた愛用の調味料と化学調味料とを比べたりして、その違いを体感するのです。

自家焙煎《ばいせん》のスペシャルティコーヒーと、缶コーヒー。

オーガニックの最高級紅茶と、安物のティーバッグで淹《い》れた紅茶。

手作りポテトサラダと、スーパーのお惣菜コーナーに並ぶポテトサラダ。

他にも、白ごはん、昆布出汁、アイスクリーム、チョコケーキ、醤油、味噌、みりん等、いろいろと試すたびに、驚きを隠せませんでした。

この実習をすると、「人の感覚って、こんなにも騙されやすいんだ」と、皆さん衝撃を受けられます。

ふだん、食にこだわっていない方でも、本物と同時に比べると明らかに違いがわかってしまうのです。

「これ、口に入れたくない！」

「いつもは何気なく食べてたのに、すごくまずい……」

「えっ、このアイス大好きだったのに、クスリみたいな味がする」

といった具合に。本当にびっくりしますから、ぜひお試しあれ。

偽物は、濃い味で刺激的。荒くて、わかりやすい。

けれど、浅くて一時的で、後味はのっぺり冷たい。

本物は、薄味で繊細微妙。透明で、わかりにくい。

けれど、じんわり深く広がり、後味はさわやかであたたかい。

これは何事にも言えそうです。

ある日の講座のあと、参加された主婦の方から、こんなメールをいただきました。

「ちこさんから教わって、原材料を見る癖がつきました。

自分が知っている材料が入っているものだけを、選んで食べてみるようにしてみたところ、添加物が入っていると、変に感じるようになってきたんです。

一般のスーパーやコンビニで、お菓子や飲み物を買おうとしたら大変です。材料を見ればほとんどが添加物の嵐。

完全に入ってないものは難しいので、できるだけ入ってないものを選んでいる状態ですが、食べたあとに味がやっぱり違いますね。

ただ単に〝口に入れただけ〟って感じで、幸福感が残らない。

繰り返しているうちに、食べる頻度が減ってきました。

そうそう、先日、ゆにわでいただいた沢庵《たくあん》を食べたときは衝撃でした。

これまで、スーパーで売っている黄色く着色されたものが『沢庵』だと思っていました。幼い頃は田舎のおばあちゃんが沢庵を漬けてくれていましたが、子どもの舌にはそれが苦手で『甘くないから嫌い。いつも食べてる沢庵は甘くて美味しいもん』って、残していたんです。

でも、おばあちゃんが作ってくれた沢庵が、本物だって、やっとわかりました。

ちょっと酸っぱいけど、今はしみじみ、美味しいなあって感じます。気付かせてくださって、ありがとうございます」

ゆにわでも毎年、沢庵を漬けます。

発酵の度合いによって、毎回少しずつ、色や味が違うんですよね。

それがまた自然でいい。

料理の隠し味に、ちょっとこの沢庵を刻んで入れたりすると、すごく味が深くなって、いい仕事をしてくれます。コリコリとした食感もまた美味。

あの沢庵の素朴な味を、たくさんの方に味わってほしいですね。

食べ物の味わい方が変わると、同時に他の感覚も目覚めるから不思議です。

私自身、北極老人の高い感覚とすり合わせる経験を何度もさせてもらい、声なき声を聞き、香りなき香りを利く、ゆにわ流の料理を受け継がせていただきました。

〝悟り〟とは、〝差取り〟を意味する……そう聞いたことがあります。

〝差〟に気付いたときに感覚が高まり、それまで感じられなかったものが、感じられるようになるということです。


同じ料理を食べても、喜ぶ人と、無表情な人がいます。

同じ言葉を聞いても、響く人と、聞き流してしまう人がいます。

同じ映画を見ても、泣く人と、一週間で忘れてしまう人がいます。

同じ日常を生きていても、幸せに満ちている人と、飢えている人がいます。


人生万事、感じることができなければ、大事なことがその価値を見出されないまま、時の彼方に消えていってしまうのです。

なんとも、もったいないことです。


本物と偽物も、天然ものと加工品も、善い人と悪い人も、天才と凡人も、女神と魔物も、見てくれだけでは、なかなか区別がつきません。

だから、目に見えないものを見て、鼓膜に響かないものを聞いて、鼻で香らないものを嗅ぎ分けるセンサー、キャッチ力、肌感覚、直感を鍛えなければならないのです。

強い刺激に慣れると、たちまち人は鈍感になります。

臭い部屋も、ずっとそこにいたらそのうち平気になります。

うるさいライブ会場にいたら、遠くのかすかな鳥のさえずりは聞こえなくなる。


それは五感だけでなく、第六感にも言えます。


感覚が鈍化すると、本物がわからなくなるばかりか、さらに強い刺激がなければ、満足できない心と体ができてしまいます。

そのうち、何をしても物足りなくなってしまうのです。


味付けの濃い料理を食べても、情熱的な恋をしても、飽きるほど遊んでも、仕事で挑戦を重ねても、いくら儲けても、好きなだけ買い物しても、世界中を旅しても、いけないクスリに手を出しても、刺激を重ねるほどエスカレートして、もっと次を求めてしまう。

だから、十年一日《じゅうねんいちじつ》のごとく時間だけが過ぎ、成長できないし、人に良いこともできないし、幸せになれない。

本物の微細な波に触れると、眠っていた感覚が目覚めます。

すると、一日一日が濃密になります。

気のアンテナが鋭敏になり、景色の解像度があがって、今まで感覚の網を素通りしていたものが、ひっかかるようになるからです。

それまで当たり前だと思っていたことに感謝できたり、小さな奇跡に感動することができたりするようになります。

今まで見過ごしていた人の表情、人情の機微にも、気付けるようになるのです。

感じることが多くなると、自分自身が表現することも、繊細さを増します。

だからでしょう。一流の芸術家は、食にこだわっている方が多いのです。

料理というのも、表現のひとつ。

ですから、美味しいごはんを作れるようになるには、まずは美味しいものを、心から味わって、感覚を磨くことが近道だと思います。

人はついつい、実感があるもの、刺激が強いもの、形あるものに、偽りの安心感を覚え、心を奪われがちです。それが落とし穴。

やさしさも気配りも、直接的なものより、さりげなく薄味の方が粒子が細かくて、相手のより深いところに届くものですから。

確かに気配りは上手な方が、商売はうまくいくし、認められて出世するし、きっと異性にも同性にもモテるでしょう。

でも、あからさまに「ありがとう」「助かったよ」と言われる行為は、相手の自意識を満たす気配りであって、「この気配りを見ろ」と言わんばかりのものだから、人が見ていないところで行う気配りに比べたら、ステージが低い。

かつて北極老人から、そう教わりました。

ステージの高い気配りは、一見〝何もしていない〟ように見えるもの。

飾らず、自然で、押しつけがない。

でも、心の目で、よく見てみると、そこには仕掛けがいっぱいあることに気付きます。そして知らない間に、癒しや安心感に包まれるのです。

北極老人の気配りはまさにその通りで、まるで風のようなのです。

そのときは気がつかなくても、何年も経ってから、「あぁ、あのとき支えられていたんだ」「すべて愛だった」と、ふとした瞬間に気付かされるんですね。

そして、そのたびに胸が熱くなって、思わず涙したものです。

それまで本物だと思っていたものが、偽物だったと気付くとき、人生のステージが変わります。

そして、愛だと思っていたものが、愛じゃなかったと気付くとき、人は本当の愛を知るのでしょう。

〝人が変わる〟とは

新しい一歩を踏み出すときは、今までの〝当たり前〟や〝常識〟を疑ってみることも必要です。

「ずっとこうしてきたから」とか、

「みんながそう言っているから」とか、

「テレビやネットで流れているから」とか、

「それって常識と違うんじゃない？」とか、

そういった過去を抜け出せない人は、なかなか古い自分を捨てられません。

すると、せっかくのいい教え、いい先生、いい環境に触れても、結局、立ち止まってしまうので、とてももったいないと思います。

人生に「これが正解」なんてありませんから、昨日の答えは、いい意味で疑って、今日を進んでいかないといけません。

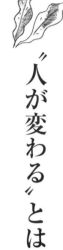

何もかもを疑いだすとキリがありませんが、何でも鵜呑《うの》みにしてしまっていると社会の都合のいいように、操られてしまいます。


「みんなと一緒だから」という偽物の安心感にも、要注意でしょう。

この感覚に、みんな騙されてしまうんですよね。

でも、「過半数が正しい」なんて誰が決めたのでしょう?

本当は、「みんなが間違うこともある」って、誰もが知っているはずなのです。


最新のブームに乗るのも悪くはありませんが、あまり流行を追いかけすぎてしまうと本質を見失ってしまうこともよくあります。


食のブームなんて正直、九割以上は眉つばの話ですからね。

食品・美容・健康などの業界によって、日々、新しいブームが人工的に、作為的に作りだされて、マスコミが広める。

今は利権や陰謀から作られる情報の方が、思いやりから生まれた情報よりも、遥かに多い世の中になっているのが事実です。

過多な情報に、踊らされてはなりません。

そもそも、ブームを必死で追わなくても、日本人がずっと食べてきた歴史の中には、十分、食の秘訣《ひけつ》はつまっているはずです。


最近話題の「スーパーフード」も、ちゃんと理解してお付き合いしたいですね。

「スーパーフード」とは、近年、栄養価が極めて高い食品として特に女性の間で話題になっているものです。

アサイー、チアシード、ココナッツオイル、ヘンプシード、キヌア、などなど。

健康意識の高いモデルさんや女優さんなどが取り入れていることから、アメリカで一大ブームとなり、日本でも愛好家が増えています。


スーパーフードについて否定はしませんし、私たちも一部は取り入れていますが、「ちょっと大げさかなぁ」というのも正直な感想です。

だって、昔ながらの日本の食卓を眺めてみてください。
味噌、醬油、日本酒、みりんに純米酢、昆布、漬物、豆腐や納豆……。
これって全部、日本式のスーパーフードなのですから。

そして、私の思う最強のパワーフードは、やっぱり「お米」です。

かつての非常識が、今、常識になっていることはたくさんあります。
今の常識が、これからの非常識になることもあるでしょう。

その潮流を傍観するのではなくて、新常識を作っていく意識をもたなければ、ただ時代に翻弄《ほんろう》されるばかりになります。
今、常識になっていることも、それを定着させるために、心血を注いだ人が各時代にいました。そこで残された常識が、未来の人々の幸不幸を決めるのですから、今を生きる私たちもまた、責任重大なのです。

今の常識からすると、ゆにわでやっていることは非常識かもしれません。

けれど正直な気持ちとしては「一〇〇年ちょっと前までは存在すらなかった化学調味料や添加物を、毎日食べることの方が、長い人類の歴史から見たら非常識じゃないだろうか」というのが本音です。

〝人が変わる〟とは、その人にとっての〝当たり前〟が変わるということです。

だから、人生における衝撃は、前進するためのありがたいきっかけになります。

感激したり、ショックを受けたり、驚いたり、怖くなったり。その衝撃は〝当たり前〟が揺らいでいる証拠なのですから。

自分たちの〝当たり前〟を高める。

それをまた、ご縁のある方にお伝えして、世の中の〝当たり前〟を変える。

それが、ゆにわの使命のひとつなのです。

食材から惚れられる人

余計なものをもちすぎると、どうしても人は発想が乏しくなります。

今、目の前に〝あるもの〟を生かそうとしなくなるからです。

ある日のこと。ゆにわに届けられるはずのピーマンが、間違えて、別の店舗に配送されてしまったことがありました。その日のメニューで使うはずだった食材です。

さぁ、困った。

現場を任されていたスタッフは、いつもなら私に相談してきて、冷静に対処するのですが、その日は突発的なことが続いたようで、焦って、近くの仕入先までピーマンを買いに走っていたのです。

結局、その日は、予定通りのメニューを提供して事なきを得た、という報告をあとから聞きました。

そのスタッフの表情を見ると、「なんとか間に合ってよかった～」と、顔に書いてあったので、私は注意しました。

どうして、わざわざ買いに行くの？
冷蔵庫の中は見た？　まだこんなにたくさんの食材があるじゃない。
ピーマンの代わりに、このキノコを使ったらよかったじゃない。
彩りが足りないなら、他の野菜でなんとかできたんじゃない？

それを聞いてスタッフは、ハッとした表情で、私が何を言わんとするか悟っていました。

ゆにわの料理の原点は、「食材から発想すること」。

これは私自身、幾度となく北極老人から教わり、その発想からズレるたびに注意されてきたことでした。

今ある食材、ちょうど手に入った食材たちを見て、当意即妙《とういそくみょう》に、いちばんいい組み合わせを見つけて、調理してあげる。これは一つひとつの食材のことをよく見て、よく知らないとできないことです。

どうしたら美味しくなるか。下ごしらえの方法、切り方、火の入れ方、食べ頃はいつなのか、見極める方法は？

勉強することも必要ですし、知識ばかりで頭でっかちになってもダメ。常識や、過去の経験に縛られない柔軟な発想も必要なのです。


調理法は、その日の食材に聞くという、変幻自在で、形のない料理。

北極老人はその達人でした。


私がまだ大学生だった頃。

数人の仲間と一緒に、北極老人のご自宅を訪れたときのことです。

ちょっとお腹が空いたし、みんなで何か食べようか、という話になり、北極老人が作ってくださることに。

「やった！　先生の作ったごはんが食べられる！」

その場にいた一同は大喜び。

さらに、北極老人が目の前で料理をされるところに立ち合える絶好の機会でもありました。今日はどんな料理を作ってくれるんだろう？　私はわくわくと胸を躍らせて、キッチンに行く先生のあとへついていきました。

そして、冷蔵庫を開けてみると……、なんと、見事に空っぽなのです。

唯一、キャベツの切れ端が少し残っているだけ。


私は「何か、買ってきましょうか？」と尋ねました。

けれど北極老人は、鍋に水をためて、すでに料理を始めていました。

不思議そうに眺める私なんて、おかまいなし。

ひじきや切り干し大根、わかめなどの乾物、アンチョビやオリーブの缶詰などなど、棚にストックされていた保存食を取り出して、淡々と調理を進めていかれます。


えっ、まさかこれだけの食材で、この人数のごはんを用意するの？

さすがにそりゃあムリでしょ……。

そう思った私の予想は見事に裏切られて、あれよあれよという間に、パスタ、リゾット、サラダにお惣菜……と次々に料理が仕上がっていったのです。

結果、みんなお腹いっぱいになるくらい豪勢なディナーが、食卓に並びました。

何もない冷蔵庫から、ここまでできるなんて。

私の中で、革命が起こった瞬間でした。

古くなってしまった食材や、余りもののおかずも、北極老人が調理されると、みるみるうちに息を吹き返して、たちまち美味しい料理に大変身するのです。

そんなドラマを、私はその小さなキッチンで何度、見せていただいたでしょう。

そのたびに、「もし私が食材だったら、絶対に嬉しいだろうな。きっと先生のこと、好きになっちゃうだろうな」なんて思いながら、見惚れたものです。

食材の方から「僕たちを美しく調理して！」と声をかけられているようでした。

一工夫すれば美味しく食べられるのに、見逃している食材って、実はけっこうあるものです。

キャベツの芯だって、薄くスライスしてサラダや和《あ》え物にしたら美味しい。

かぼちゃの皮だって、きんぴらにしたらお弁当にピッタリのおかずになります。

魚の骨やアラだって、手間をかけて灰汁《あく》をとれば、いい出汁がとれるし。

余って硬くなってしまったごはんも、リゾットやおかゆにしたり、ピラフやチャーハンにしたり、炊き立てのごはんとは違った形で、楽しめます。

今ある食材から発想して、上手に使う。

すると、冷蔵庫にスペースが生まれる。

また新鮮な食材を受け入れることができる。

そのような循環ができると、毎日、旬のものを味わえるようになるのです。


ところが今は、家庭でも、飲食店でも、まず献立が決まっていて、それに合わせて食材を買ってくる、という考え方が主流になっています。

この考え方の背景には、「買おうと思った食材がいつでも手に入る」という前提が隠れています。

だから、一昔前の人には、こういう発想をする人はいませんでした。

でも現代は、たくさん買い込んでいつも冷蔵庫の中はパンパン。

掘り起こしたら、いろいろ出てきて奥を見るのが怖い……（笑）

なんていうご家庭も、きっと多いと思います。


便利さの代償として、家庭からも、飲食店からも、日々、目も当てられないくらいたくさんの食材が古くなり、捨てられているのです。

それが平気になってしまうのは、人として悲しいことでしょう……。

すぐに「なかったら、新しく買えばいい」と考えてしまうのは、現代人の考え方に潜む病気のようなものかもしれません。

食材でも、服でも、日用品でも、現代人は何でも〝過剰〟になりがち。

「お腹が空いたから食べる」という、生命として当たり前の生き方をしなくなり、「一日三食」とか「何時になったから」とか、頭で判断して食べるのが当たり前になっている。

空腹感を感じることがないのです。

だから、空腹感によって学ぶべき感性が、育まれないのです。

食べすぎと、買いすぎの症状は似ています。

置き場もないのに、つい使わないものを買ってしまう。

お腹が空いていないのに、つい食べちゃう。

時代はどんどん新しいものを生み出していくので、欲望を刺激する消費社会の洗脳をとかなければ「あったらいいな」くらいに思っていたものが、たちまち「ないと不便」に転化して、欲求に歯止めがきかなくなってしまうのでしょう。すると本当は、もっとシンプルな「美味しい」があって、飾り気のない幸せが、目の前にあるのに、知らないうちにそれが見えなくなってしまうのです。

今、目の前にあるものを生かす。

その調理法の中に、人生の神髄が眠っているように思えてなりません。

見る。嗅ぐ。聞く。食べる。触れる。五感を起こして愛する。生かし方を見つけてあげる。

食材にも、ものにも、人にも、いつもそのようにありたいと思います。

料理で会話する

言葉は便利ですが、それに頼りすぎると、伝えたいことが伝わらなくなります。

「愛してる」と、言うのは簡単。

でも、本当の愛は、言葉だけでは伝わりません。

イエス・キリストの言う「愛」と、釈迦の言う「愛」と、龍馬の言う「愛」と、うら若き乙女の言う「愛」と、同じ響きでも、その中身は、まるで別物なのですから。

わざわざ言葉にしなくても、「なんて愛されているんだろう」と相手に思わせてこそ、本物なわけです。

人生で本当に大事なことは、言葉を超えたところで、ようやく伝わるもの。

だから、「何でも言葉で伝えてほしい」なんていう人は、ＫＹ（空気が読めない）になりますし、メールやチャットだけでは、真実の愛は伝わらないと私は思います。

〝言葉の外〟にあるものを、感じたり、伝えたりすることが大切なのでしょう。

私の人生が変わった大学受験塾ミスターステップアップ。

そこで私は、言葉の先にある世界を教えてもらいました。

塾では、毎日一二時間以上、ずっと勉強に没頭する受験生がたくさんいます。

みんなもともと勉強ができたわけではありません。

けれど通っているうちに、自然と元気やヤル気に満ちてくるのです。

集中力がなくて、一〇分と机に向かえなかった、あの子も。

勉強が嫌いで、教科書を開くのも嫌がっていた、あの子も。

自分の殻に籠《こ》もって、すべてに自信を失っていた、あの子も。

どの生徒も、学ぶことに目覚めて、思い思いの大学に合格していきました。

かくいう私も、入塾した当時はまったく勉強する気力がなくて、学校から逃げ帰るように塾に戻っては、自習机にぼーっと座っているだけでした。

でも、それだけで不思議とエネルギーが充電されていくのです。

そんな私に、北極老人は「勉強しなさい」とは、一度もおっしゃいませんでした。

ただ陰ながら、ずっと見守ってくれていたのです。


そして、愛をおむすびに結んで、届けてくれました。


だからでしょう。もはや「美味しい」の一言では語り尽くすことのできない、特別なものを感じました。

勉強するから褒めてあげるとか、成績がいいから偉いとか、言うことを聞くから認めてあげるとか、そういう条件つきの愛じゃなくて。

私という存在そのものを、受け入れてくれている、無償の愛。


あぁ、あったかい。生きててよかった……と、何度泣いたか。

食べ物を通して愛を語ることが、こんなにも深く響き、人が蘇《よみがえ》る力になるのだと教えていただいたのです。

不安がいっぱいで落ち着かないときは、まるでその心を見透かしているかのように、北極老人はそっとお茶を出してくださいました。一口飲むと、根拠のない自信と安心感に包まれて「大丈夫だ」と思えました。

凍てつくような寒い日、ショウガ入りのミルクティーを作ってくださったこともありました。たった一杯で、芯まであたたまりました。

そのようにして私自身、数限りない幸せをいただいて、救われたものですから、私にとって料理とは〝会話〟をするような感覚なのです。

お客様がお店にいらっしゃったら、お顔を拝見したり、ご挨拶したりします。調理に入ると、基本は無言です。ムダな言葉を発すると〝気〟が漏《も》れるからです。でも心の中では、料理を食べてもらう方に、いろいろ話しかけています。

お客様が食事を始められたら、スープをお出しするときから、デザートを出し終えるまで、自分も並んで食べているような気持ちになります。
一緒に「いただきます」をして、一緒に「ごちそうさま」をする。
食べ終わったら、「今日のごはん、美味しかったよね」って笑顔で言い合う。
なんか不思議なんですけど、そんな感覚。

そうしていると、「あの子は口がちっちゃいから、小さめに切って出してあげよう」とか、「暑そうだから、まずは冷たいスープを」といったように、料理の出し方にも少しずつ変化が生まれるようになりました。

お椀にお味噌汁をつぐときも、たとえば四人前のオーダーが入っていたとしたら。「一、二、三、四……」と、その動作をただ機械的にやるのと、「これは○○さんの分、これは○○さんの分……」と、一杯一杯、そのお味噌汁を届ける相手の顔を思い浮かべながらつぐのとでは、同じ一杯でも、伝わるものが違うと感じます。

そのようにしていると、お客様との距離感も、グッと近くなるのです。
はじめは緊張気味だった方も、力の抜けたいい表情になられて、次第に心も開かれて、お見送りする頃には、もうずいぶんと会話を重ねたかのように関係性が結ばれていたり。

中には、今まで誰にも話せず、一人で抱えていた本音を打ち明けてくださる方がいたり。もともと親友だったかのように、一気に仲良くなれたり。

言葉ではないところで、静かに語ることの方が、心に深く届くのです。

頭で考えて伝えたことは、相手の頭にしか残りません。すぐに忘れられてしまいます。

記憶というものは、印象の強いものがすぐに上書きされてしまう性質があるからです。だから曖昧《あいまい》だし、あんまり当てにならない。

心で感じて伝えたことは、相手の心に残ります。

心で覚えたことは、ふだんは忘れていても、必要なタイミングでパッと出てきて、人生を助けてくれるのです。

料理には、作り手の心が映ります。
日頃、やっていること、考えていること、人知れず積み重ねてきたこと、生き様が
そのまま映し出される。
つまり料理は、ウソがつけないし、ごまかしがきかないということ。
だからこそ、愛や真実を語るには、このうえないものだと思うのです。

究極の家庭料理とは

有名なフレンチのシェフから、こんなお話を聞いたことがあります。

ある日、シェフの奥様が風邪で寝込まれて、お子さんのお弁当が作れないときがあったそうです。そこでシェフは奥様の代わりに、腕によりをかけて、華々しい見事なお弁当を作ってお子さんにもたせたのだとか。

お子さんがびっくりするところを想像して、わくわくしながら帰りを待っていたところ、晩に戻ってきたお弁当箱を開けて、あ然としました。

なんと、半分以上のおかずが残っていたのです。

その子は「だって、お母さんの（料理の）方が美味しいもん」の一言だったとか。

プロの技で仕上げたそのお弁当には、何が足りなかったのでしょう？

私が美味しいお弁当の作り方を教わったのは、北極老人の奥様からでした。

奥様からはお弁当をはじめ、プロの料理ではなく究極の家庭料理を学び、「人を思いやるとはどういうことか」を間近で見せていただきました。

お弁当は、時間が経ってから、冷めた状態で食べてもらうものです。相手がどんなシチュエーションで食べるかもわかりません。そのため、テーブルに出すできたてのお料理とはまた違った想像力がいるのです。

お弁当箱を選ぶにしても、その人にちょうどいい形や大きさがあります。蓋を開けたときの「わっ、キレイ。美味しそう！」という嬉しさも大切ですから、おかずをつめるときは、第一印象を意識しながら。

そして全体の調和。薄味のおかずばかりだと、ごはんが残ってしまいますし、塩味、甘み、酸味などがバランスよく入っていると、なんだかお得な気持ちになれます。

季節によって、温度の変化も考えなくてはいけませんし、傷みにくくするためにちょっと濃いめの味付けにしたり、梅干しをのせたり、といった工夫も必要だったり。あたたかいまま蓋をしたために、水分が出てごはんがべちゃべちゃ、なんていう失敗にも、気をつけないといけません。

北極老人の奥様は、お弁当づくりの名人で、私も何度も作っていただきましたが、毎回毎回、美味しいのはもちろん必ず食べたことのない新しいメニューが入っていたんです。これには驚かされました。この人には、前にこういうお弁当を作った、ということをすべて覚えてくださっていたのです。

それまで、ただ何気なく「美味しい！」と食べていたお弁当の舞台裏を知るたび、こんなにきめ細かな気配りがあったんだなぁと、しみじみ胸にあたたかさを感じましたね。

いちばん印象的だったのは、奥様がお弁当を作るときに、いつも食べてもらう人の分に加えて、ひとつ多めに作られていたことです。

初めて見たときは、「あれ？　なんでひとつ多いのかなぁ……」と思いましたが、それはご自身が召し上がる分でした。

「そろそろ、あの人が食べる頃だな」という時間帯を見計らって、離れていながらもまったく同じものを、同じように食べるのです。

そのようにして、時間が経ったときの味の変化や、ごはんとおかずとのバランスなどを、自分の舌で確かめてみる。その当時、奥様は毎日、北極老人のお弁当を作られていましたが、これを一日もかかさず続けられていたのだとか。

このお話を聞いてシェフが作ったお弁当に、何が過剰で、何が足りなかったのか、見えたような気がしました。

過剰だったもの。
「プロ意識、プライド、自信、気負い、期待、わくわく」
足りなかったもの。
「素人思考、謙虚さ、素直さ、丁寧さ、感謝、慎み、念には念を」

そして何より、北極老人の奥様は、ごく自然にされているその手仕事すべてが、〝祈り〟そのものだったのです。

第二章

人間関係の本質

恋を愛に変える

美味しいオイルパスタを作るには、鉄則があります。
実はそれって、良い人間関係を築く秘訣《ひけつ》に似ているのです。

その鉄則とは、本来は混ざらない「水」と「油」をつなぎ合わせること。それを「乳化」といいます。パスタに含まれるデンプンや、隠し味のバターが〝つなぎ役〟となって乳化作用を助けるのです。すると、とろっと麺に絡みやすく、滑らかな絶品ソースに仕上がります。

どなたにも、「この人って、住んでいる世界が違うんだろうか……」と思ってしまうような感性の合わない相手って、いると思うんです。
家庭でも、学校でも、職場でも、どんなコミュニティにおいても、自分の好きな人だけを選り好みはできません。それに人の性格は多面的ですから、はじめは気が合うと思っていても、距離感が近付いたり、お互いの立場が変わったりすると、たちまち別の顔が見えてくる、なんてこともよくあります。

ですから、苦手な人、ウマが合わない人、性格が正反対の人、好きになれない人、まさに「水と油の関係」と言われるような相手とも融合できるコツをマスターしなければ、良い人間関係に恵まれることは難しいのです。

「水」と「油」が溶け合うには、〝つなぎ〟が必要です。

人間関係における〝つなぎ〟とは、なんでしょう。

それは、自分と、相手と、二者間だけの関係ではなくて、〝三つ目の点〟を見つけるということです。

ちょうど、自分がもつ性質が「3」だとして、相手が「7」だったら、そのままだと割り切れない関係で終わってしまいますが、二人の最小公倍数「21」を見つけるようなイメージ。

その「21」のためなら、ひとつになれる、という点を探すのです。

中高生の頃、私には付き合っている彼がいました。はじめは感情が高ぶって「恋に恋して!」という感覚が楽しいものですが、時間が経つにつれ、さーっと引いていく感情の波に翻弄《ほんろう》されて、自分の気持ちが冷めてしまい続くことはありませんでした。

何より、一緒にいるときは楽しくても、ひとりになったら、とたんに不安や寂しさに襲われてしまうことにも嫌気がさしていました。

歯に衣着せずに言いますと、二人とも自分に軸がないから、寄りかかる相手を必死に探して、お互いに甘えているだけの依存関係だったのです。

荘子が残した、

「君子の交わりは淡きこと水の如し、小人の交わりは甘きこと醴《れい》の如し」

(物事をよく知る人の交際はあっさりしているが長く続く。物事を知らない人の交際は甘いためすぐに途絶える)

という言葉の通りです。

北極老人からは、

「弟子同士に、表面的な馴れ合いは必要ない。どうせ一緒に過ごすなら、一生、共に成長できる関係でありなさい。志が萎《な》えそうになったとき、叱咤激励《しったげきれい》し合えるような関係でいなさい。横のつながりではなく、関係性でつながりなさい」

と教えられました。

はじめはその意味がよく理解できませんでした。

けれど、今はよくわかります。

ただの恋愛感情や友情だけでつながった横の関係は、案外簡単に切れてしまうものです。

ケンカした。意見が割れた。そういうざってときに、間を〝つなぐ〟ものが何もないからです。

だから大切なことは、〝つなぎ〟を作る。

つまり、共有できる理念をもち、同じ夢を見ることです。

私たち北極老人の門下生の間では、「ゆにわを守る」「先生に喜んでいただけるような生き方をする」という点が、ずっと変わらない〝つなぎ〟になっていました。

そう、私と他の門下生は、北極老人を間に立てて、師と、弟子と、同志という三角形でつながっているのです。これが「関係性でつながる」の意味です。

師への思いが涸《か》れない限り、この関係性は永久に続きます。

だから、私と他の門下生の間に、いわゆる友情なんてなくても、団結できるし、遠慮なく本音でぶつかり合えるし、助け合える。

むしろ磁力のように切ろうにも切れない、透明な糸でつながるのです。

ゆにわのオープン前から、ずっと一緒に歩んできた仲間の一人に、私と小・中・高とずっと一緒だった同級生がいます。学生時代はずっと、口をきかない間柄でした。

それなのに今は、最も信頼できる仲間です。

「3」と「7」のように、性格や考え方がまったく違う者同士が、お互いにぶつかり合うのではなく、その両者ともが割り切れる「21」を探すからこそ、それぞれの意見を止揚《しよう》し、人間的にも高め合える関係になれるのだと思います。

それは、恋人や夫婦にも言えることでしょう。

恋とは、愛に変えられてこそ本物です。愛に変わるということは、〝同志〟になるということ。

志を立てるのは、男性の役割です。男は大きな夢を追い、女は男の夢に嫉妬《しっと》しながらも、同じ夢を見る。

すると、男の夢が〝つなぎ〟になるのです。男性が夢を諦めない限り、その関係はどこまでも続きます。

夢を失った男性は、女性を追いかけてしまうので、長続きしない。

恋は時間とともに冷めていきますが、愛は、日を追うごとに、深まっていくのです。

男と女も水と油のようなもの。本来、溶け合わないものを一つにすることが、美味しい料理のコツであり、最高の歓《よろこ》びなのです。

孤独のトンネルを抜ける

何でも本音で言い合える、本当の仲間がほしい。

それは万人共通の願いではないでしょうか。

世間でも、これからの時代のキーワードは〝仲間づくり〟だなんて、声高に叫ばれているようです。先が読めない時代の中で、最終的に頼りになるのは、お金でも立場でもなく、本音で付き合える本当の仲間だからなのでしょう。

多くの大富豪が、あり余るほどお金を手に入れたとき、最終的に求めるものは、「心から信頼し合える仲間」なのだそうです。人の心は、お金では買えないからです。

皮肉なことに、お金持ちになったり、偉くなったりするほど、人間関係を深めるのが難しくなるといいます。地位や財産ばかりが人目を引いて、その人自身の魅力や人間性がよほど大きくなければ、覆い隠されてしまうからでしょうか。

実際に、ある成功者の方は、成功すればするほど、お金目当てに近付いてくる人が増えて、関係がこじれたり、お金を騙《だま》し取られたり、美味しいところだけ取ったら離れていったり。そんな、「金の切れ目が縁の切れ目」と言わんばかりの人間関係が多くなってしまったと、嘆いておられました。

利害損得だけでつながった仲間は、いわばビジネスであって、本当の仲間とは言えません。あなたが、ものもお金も、スキルも人脈も、得意なことも、そうした飾りをすべて差っ引かれて、着のみ着のままになったとき。それでも一緒にいてくれる人こそが、本当の仲間です。

たとえば、料理人だとしたら。何かを理由にもし包丁が握れなくなったとき。それでもなお、一緒にいてくれる人がどれだけいるか。

いちばん得意なことを失ってなお、残っているものこそが、その人自身の魅力であり、それは生き様によってのみ、形作られるものでしょう。

やはり本当の仲間に出会うには、自分の生き様を磨かねばなりません。

自分の本音を見つめ、本音で生き、本音で語ることが大切。

そうはいっても、なかなか本音を出せなかったりするのも人の常です。それはきっと、過去に受け入れてもらえなかったり、裏切られたり、往々にして傷つけられた経験があるからでしょう。だから人前で無防備に自分をさらけ出すことは恐怖と隣り合わせなのです。

私もかつては、厚塗りの化粧をするように、素顔を隠して生きていました。でも、北極老人に出会ったときに「あぁ、すべて受け入れてくれるんだ」と感じて、この人の前では素直になれると思いました。

それから、まわりの目が怖くなくなったのです。何を優先して、何を選び、何を食べて、どう生きるのか、自分の意思で決められるようになりました。

大学に行きながらも、「あの子、変わってるよね」なんて思われても、おかまいなし。はじめはなかなか理解されませんでしたが、一人で黙々と、北極老人の暮らしぶりを真似ていました。

みんなで流行りの店に行っても、そこに愛のある食べ物がなければ、私だけ何も食べなかったり。代わりに、おむすびを握ってもっていったり。

でもあるときから、私のやっていることに興味をもつ友人が少しずつ現れました。

そして、食事のこと、ライフスタイルのこと、環境や社会のこと、話をしていくうちに通じ合って、深くつながるご縁ができていきました。

実は昨年、その大学時代の友人から数年ぶりに連絡がありました。大学生のときに話したことが、ずっと心の片隅に残っていたと彼女は打ち明けてくれました。

そして今、ゆにわの一員として一緒に働くようになったのです。


自分の本音を貫くとき、誰もが孤独を経験するのかもしれません。

でも一度は暗闇を抜けないと、本当の仲間にも出会えません。

反対されるのが怖いから自分の意見を曲げるとか、ぶつかるのが怖いから遠慮して言わないとか、人脈を失うのが怖いから本音を偽るとか、そうやって妥協して生きていたら、当たり障りのない人間関係しか生まれず、ただ平凡な月日が過ぎていくだけです。

ひとたび、北極老人の熱い生き方に触れてしまった私には、それが退屈に思えてきて、耐えられませんでした。

もっと先にある目的に進みたかったから。

先生と同じ景色を見て生きていくと決めたから。

そして、その生き様を、次の世代に伝えたかったから。


恋人でも夫婦でも、仕事仲間でも友人でも、遠慮して言いたいことが言えない仲は、しんどいものです。ずっと「言えん、言えん」が続いて、そのうち胃炎になっちゃいます。関係が切れることを恐れていたら、そうなります。

切れるのが怖いのは、自分に軸がないから。そして、相手を目の奥で裁いているから。信じきれていないからかもしれません。

人生を共に歩むと決意した者同士には、遠慮も何もいらなくなります。

だから、遠慮なんてしているうちは、人生を共に歩む仲間には、ずっと出会えない、とも言えるでしょう。

自分の本音と、相手の本音と、その両方を結んでひとつにするのです。

いいところを引き出す力

幸せは、探すものでも、引き寄せるものでもなく、〝育てるもの〟だと思います。

私は今、このうえなく幸せです。

この幸せがあるのは、決して私が特別なわけでも、立派だったわけでもなくて。ただただ、ゆっくりと時間をかけて、私の中に眠るいいところを信じて引き出すように愛情をかけ、時にはきびしく育てていただいたからです。

親に。兄に。友人たちに。同じ道を歩む同志たちに。

そして、他ならぬ人生の師・北極老人ご夫妻に。

人を育てるとは、まるで土鍋ごはんを炊くようです。

土鍋に水と米を入れ、蓋をして火にかけていると、蓋の穴からブクブクと出てきます。それはまさに才能が溢《あふ》れだしたかのように見えます。これは蓋の圧力と火の力がなければ出てきません。

今の時代は、ストレスやプレッシャーが敵視されがち。でも人はそれなりの圧がなければ魅力も才能も出てこないのです。

ただし必要なのは、愛情という火を灯《とも》し続けてもらうこと。

そして、「あなたはすばらしい」という目で見守り続けてもらうことが欠かせないのです。

でも、その圧と火加減は、ずっと見続けないといけません。


この世界のあらゆるものは、愛によって育てられます。

あるときは、やさしくすることが愛だとしても。時に厳しくすることが愛になる。

あるときは、手助けすることが愛であり。時に打ちのめすことが愛になる。

その局面で、どうしてあげるのがベストなのか、正解はない。


ただただ、今、目の前の相手を〝見る〟しかないのです。


人間関係でトラブルが起きるのも、相手をちゃんと〝見ていない〟ときです。

その根底には、他者への〝無関心さ〟があります。

すると、たいてい〝やりすぎ〟か〝やらなさすぎ〟に偏るのです。

要は、対応や会話が、機械的になったり、惰性的になったり、通り一遍《いっぺん》になったりして、ちょうどいい加減がわからなくなる。

人の心を冷たくさせる言動は、すべてそこから生まれるのだと思います。


今回の映画の撮影で、網本さんの田んぼへ何度か伺いました。

そこで驚いたのは、稲の育て方（育ち方）と、人の育て方（育ち方）とが、あまりに同じだったことです。


網本さんの稲作で最も大切になるのは、育苗《いくびょう》という一か月半の工程です。

人でいえば、成人するまでの期間のようなものでしょうか。

ここで、どれだけ根っこを鍛えるかによって、未来が決まります。

自然界に放たれても、主体性をもって生きていけるか、子孫を残していけるか、生命をまっとうできるかが決まるのです。


あまりにも手伝ってあげすぎると、自分で何もできなくなる。

どれだけ信頼してあげられるかどうかが、カギになります。

そのやりとりの妙の中で、可能性が開いていくわけです。


稲は小さな苗のとき、普通はあたたかいハウスの中で育てます。

でも網本さんは露地で育てて、稲に寒さを体験させます。

とはいえ、限度もある。気温が四度になると根に障害が出てきてしまい、二度になると、わずか一時間で稲が死滅してしまうというくらい、シビアな世界なのだそう。


育苗期間中に雪が降った年は、お風呂から五〇メートルくらいホースを引っ張ってきて、夜どおし、お湯を足し続けたこともあったとか。

このエピソードを聞いただけで、「ここの稲たちは幸せだろうな。そりゃあ美味しいに決まっているよね」って思うでしょ？


そして網本さんは、有機肥料のみで育てます。

お米農家の常識では、有機肥料は「効かない」と言われているそうです。

でも本当は違っていて、効果が出ないのは、有機肥料に適した育て方をしていないだけなのだと網本さんはおっしゃいます。

化学肥料の場合、分子が細かいため稲が吸収する努力をしなくても、勝手に養分がどんどん入ってきて大きくなっていきます。

かたや、有機養分は分子が大きい。だから、稲は簡単に吸収できないのです。でも、それを吸収しないと生きていけない、という窮地に追い込まれたとき、稲は自ら根を張り、有機養分を分解する物質を出して、積極的に養分を取りに行くのだそう。

すごいですね、生命の力って。

そのような経験を経るからこそ、自然界に解き放たれたときに、雑草にも、害虫にも負けない、たくましい稲に育つのです。

人も同じく、与えられすぎ、甘やかされすぎの環境では弱くなります。向上する意欲も、だんだんなくなってしまいます。

そして、これもまた人間社会にそっくりですが、稲にたくましさがなければ、まわりの環境がすべて敵になってしまうというのです。

田んぼの水面に浮かぶ「藻」も、本来は害草への日光を遮って、草が育つことを抑えてくれるのに、稲が頼りないと、付着した藻の重みで苗自身が倒れてしまう。

田んぼの雑草を食べてくれる「カルガモ」すらも、稲が弱いと敵になるのだとか。

カルガモがバシャンと田んぼに着水したときに、なぎ倒されてしまうからです。


たくましいと、まわりの環境が敵にならない。むしろ味方になるのです。


それまで敵だと思っていた人と、仲間になれたとき。

相容《あいい》れないと思っていた人と、つながり合えたとき。

人は、より大きな幸せに気付くことができます。

でも、弱い人は、自分が幸せになれない原因を〝誰かのせい〟にしたがる。


根を強く、たくましくする教育が、必要だと思います。

今の教育は、家庭でも、学校でも、塾でも、賢くて、ちゃんと言うことを聞く〝イイ子ちゃん〟を育てる教育が増えています。みんな、前に倣《なら》えで、平均点を求められて、常識を叩き込まれて、マニュアル通りに育てられる。

そうすれば、一人ひとりを〝見る〟、なんて面倒なことをしなくても、ある程度、効率よく育つからです。

なんだか、稲の栽培とそっくりじゃありません?

でも、どんな環境におかれても、幸せに生きていくには、生命としてのたくましさを身につけさせることが最も大切。そのためには、〝やりすぎ〟と〝やらなさすぎ〟の、ギリギリをかいくぐるしかありません。

情愛ではなく、愛で導くしかないのです。

行く末がどうなろうと、そのすべてを請け負う腹で、見守るのです。

野生動物は子育てに失敗しないのに、人間が失敗してしまう原因は、〝情〟が絡むから。

「私がなんとかしてあげたい……」

「かわいそうで見ていられない……」

「相手に嫌われたくない……」

そのような〝情〟に動かされて過剰に手助けをしてしまうのは、〝相手のため〟を思った行為に見えて、本当は〝自分のため〟なのです。
それでは誰も教育できませんし、誰も導けません。

与えるときは、たっぷり与えてあげる。
けれど、人も、植物も、与えすぎると根腐れしてしまいます。
渇いたくらいが、ちょうどいいのです。
たまに転ぶから、起き上がる力もつきます。

立てるようになったとき、想像もしなかったような魅力や才能が花開くのです。

小さな選択の積み重ね

「本物を知る」ということは、「偽物に気付く」ということでもあります。

そして一度、知ってしまったら、なかなかもとには戻れません。

食事にしても、本物に触れると体のセンサーが敏感になるあまり、不自然な食べ物を受け付けなくなるのです。

だから毎年、受験中にゆにわのごはんを食べ続けた卒塾生から「大学生になったら、何を食べていけばいいんですか?」と相談されます。

みんな、「まともに食べれるものが（世の中に）ないよ!」と言いたげなのです。

同じように現代の食の在り方に疑問を感じ、模索している方は多いと思います。不自然なものは口に入れたくない。ましてや、子どもには食べさせたくない、と。

けれど同時に心の中で「食が大事なのはわかるけど、そこまでするのって大変じゃないですか？」と思われている方も多いでしょう。

このことは、ゆにわを一〇年以上続けてきて、数えきれないくらい問いかけられてきたことなんです。ですから私の中には、ずっと煮詰めてきた答えがあります。

確かに、食べるものを選ばずに生きていても一見、困ることはないと思います。どこへ行っても、気軽に何でも食べられますし。食事にかける手間もお金も最低限ですみますし。普通に「美味しい」と満足できるものは手近にたくさんありますし。だから、食べ物にこだわるのが窮屈そうに感じられる方も多いのです。

でも、率直に言わせていただくと、もし食の世界に、一～一〇〇〇までの世界があるとしたら、一～一〇くらいまでの狭い世界しか見えていないから、そのように感じてしまうのだろう、と思うのです。

私たちは一～一〇〇〇までの世界を知ったうえで、自分にとってベストな食べ方、ライフスタイルを取捨選択することが大事だと考えています。

一～一〇の世界しか見ずに選んでいるのは、本当の意味で選んでいるとは言えません。何者かによって〝選ばされている〟という方が正しいような気がしてならないのです。

私たちの耳に届く情報は、ほとんどが宣伝ばっかり。扇動ですから、それをもとに何気なく自分の食べるものを決めていたら、もはやそれは、催眠にかかっているようなものだと思います。

さも体にいいように宣伝されている食べ物が、実はものすごく体に悪いものだったりすることはざらにありますから。

ある料理人の方は、そんな現代の食事情を「笑顔で麻薬を注入し続けているような食品が増えている」と表現されていました。言い得て妙だと思いました。

得体の知れない原料で作られた粉や液体だけで「食品」ができあがってしまうという、気味の悪い現実を知らなければならないでしょう。

パッケージだけはキレイで、いかにも原料にこだわっていそうな加工食品も、裏の表示を見たら、着色料、酸化防止剤、pH調整剤、イーストフード、ショートニング、ゲル化剤、保存料、亜硝酸Ｎａ、香料、乳化剤、甘味料（アステルパーム、スクラロース、サッカリン）などなど、自然界にはまったく存在しない化学物質のオンパレードだったり。

「キャリーオーバー」といって原材料には含まれているのに、表示が免除されるケースもあります。それによって、遺伝子組み換え食品も、知らず知らずのうちに口にしているのです。

添加物の安全性は動物実験で確認されただけで、人体にどんな影響があるか、本当のところはわかっていないものも多数あります。

考えようによっては、私たちが実験台にされているようなものです。

人が添加物を取ったときの、微妙な変化、アレルギーや、心への影響などは黙殺されていますし、いっぺんに何種類もの添加物を食べたときに、お腹の中でどんな化学変化が起こるのかわかりません。それは、もはやキリがない世界で、確認しようにもできないのです。

人の体は優秀ですから、それでもちゃんといのちはつないでくれます。

でも、代償として失われているものは、たくさんあると思うのです。

近年のアレルギーの急増や、心の問題も、無関係ではないでしょう。

そのような食の実情をリアルに知ったうえで、自分の家族や、目の前の大切な人に、「どんなものを食べてほしいか」を考えたときに、「いいものを選びたい」と思うのは自然なこと。

現代人は、平均で年間約7kgもの食品添加物を口にしているそうです。

家畜や虫でも食べ物だと認識しないようなものを、平気で人が食べていたりするのです。

しかも、そういったものを食べても、だんだんと人の体は慣れていってしまうので、「もう限界！」というところまで達して初めて体を壊したり、心を病んだりして、やっとその危険性に気がつくのですから、なお、タチが悪いと思います。

そんな危ない食べ物が溢《あふ》れていて、子どもたちもみんな当たり前のように食べているのに、それを許容している世の中って、ちょっと異常だと思いませんか？

異常なことが、さも普通であるかのように思わされている現代人。

これを「催眠」といわずして、何といいましょう。

社会が作り出した、立派な催眠です。

その催眠にかかったままで「別に、今のままで十分」と言うのではなくて、一〜一〇〇〇までの世界を知ることが大事だと思います。

巷《ちまた》に溢れる加工食品やファーストフードから、高級食材を贅沢に使った三ツ星レストラン、自然食、マクロビオティック、ベジタリアン食、ダイエット食、あらゆる食事療法に至るまでさまざまな世界があります。

ひとつ知るだけで、見える世界が変わります。

「知る」といっても、単に情報を集めるだけで「へぇ〜、そういう世界もあるんだ」と頭で学ぶだけでは本当に「知った」とは言えません。

実際に食べてみて、続けてみて、自分の体で感じてみてこそ、本当の意味で「知った」と言えるでしょう。

世の中には、「長生きしたけりゃ、肉を食べなさい」という人もいるかと思ったら、「肉を食べるほど早死にする」と言う人もいます。そう聞くと、どっちなの？　と迷ってしまいがちですが、要は、自分にベストなバランスがあるということです。
そして、自分のバランスと他人のバランスは違いますから、自分の理屈や経験を、そのまま他人に押しつけるのは違います。ひとつの考え方に偏って頑なになったり、他を攻撃したりするのもよくありません。

一～一〇までしか知らずに選んだつもりになるのではなく。
一～一〇〇〇まで知ったうえで、今の自分が選びたいものを選ぶ。
これが大事。

かつては食べる物がなくて、食品添加物に救われた時代もありました。だから、それを否定するつもりはありません。

けれど今、私たちが生きているのは「選べる時代」です。
だから、見直すときがきていると思うのです。
私が選んだものが、世界を作っていくのです。
未来の世の中を決めるのは、選挙の投票日だけではありません。

日頃、何気なく選ぶもの、買うものすべてが一票と同じ。

「買う」ということは、その対象に「投資する」ということですから。少なくとも、自分はそれを応援し、未来に残したいという意思表明になるのです。


未来を作るのは、意思の力です。


いくらいいものを作っても、求める人がいなかったら、世の中には残っていきません。キレイごとだけでは通用しない世の中ですから。夢や理想だけでは通用しないのです。

私は一生懸命にいいものを作ろうとしながら、それだけで生計が立てられなくて、涙ながらに、道を断念した方々をたくさん知っています。

自分たちの生活がままならない。

子どもたちの養育費が足りなくて。

理解してくれる人が誰もいない。振り返れば自分一人……。

お客さんに喜んでほしいと、心を込めて料理を仕込んだのに、お客さんが来なくて、食べてくれる人がいない。夜中に、余ってしまった料理を、いたたまれない気持ちでゴミ箱にかき入れるしかない。

そうやって泣く泣くお店を畳んだ名もなき名店の最後も、数多く見てきました。

最初はみんなのためを思って始めた店だったのに、自分たちの生活に困窮《こんきゅう》するあまり、だんだんと純粋な思いから遠ざかってしまう、人の弱さや儚《はかな》さも……。

そういう現実を見るたびに、心の中で叫んでいました。

こんな世の中、何かおかしい。

どうにかしたい。

自分には何ができるのか、そのたびに考えました。

一人でできることなんて、限られています。

でも、一人から始めないと、何も変わらないのも事実です。

みんなが何を求めるかによって社会が作られていくのですから、社会に文句をつけても仕方がない。みんなに責任があります。

催眠の中で選ばされるのではなくて、ちゃんと真実を自分で知って、誰から、何を買って、何を食べて、何を使って、どのように循環させるのか。

選んでいくことが、大人の責任だと思うのです。

ゆにわの食材の仕入先を選ぶとき。食材の美味しさ、お値段、便利さ、そういったもろもろの条件はもちろん考慮します。


でも、いちばんは〝人〟。

同じ商品を買うにしても、誰から買うかを大事にするのです。

わざわざ足を延ばして、多少お値段が高くても、あの人から買いたい、とか。


ゆにわができた当初、私が食材の買い出しに行くときに、よく北極老人が付き添ってくださいました。そして驚いたのは、北極老人の〝買い方〟でした。

良いお店を見つけたり、店主と意気投合したりしたら、とにかくいっぱい買うのです。まず、その方の夢や志を応援するような買い方をする。もちろん、お店の方はあまりの豪快な買い方に驚きつつも、「そんなに気に入っていただけたなんて！」と大喜びです。そして、そういった出来事はお互いすごく印象に残りますから、また次にお会いしたときには、お店の方も必ず覚えていてくださる。すると、どんどんご縁が深まっていくのです。

今にして思えば、商品を買うというよりも、ご縁を買われていたのだなぁ、と思います。

だから私も北極老人に倣い、あの農家さんに、がんばってほしい。その純粋な思いを、次につないでいきたい。ささやかな応援になればという気持ちで、たくさん仕入れて、たくさん使います。

幸い、ゆにわには、一般のお客様だけでなく、ミスターステップアップの塾生たち、スタッフ、ゆにわを家庭の食卓のように利用してくださるご近所さん、合わせて二〇〇名余りが毎日いらっしゃいますから、食べてくれる人には困りません。

ですから、それぞれの食材の美味しさを知ってほしいと思って、食材の味が引き立つようにと調理させていただきます。

その美味しさの中には、生産者さんの魅力も、努力も、一緒に含まれています。

そのことを、知っていただきたいのです。

そして、「選んで食べる」ことの大切さを、感じていただきたい。

お父さんお母さんは、その背中で、子どもたちにそのことを伝えていってほしい。

もちろん、私たちの「ゆにわ」だって選んでくださる人がいてくれるから、今ここにあるわけで。求める人がいなくなったら、消えてしまいます。

私は一冊目の著書『いのちのごはん』にこのように書かせていただきました。「人々にとって、〝ゆにわ流〟というものが当たり前になる日がくれば、ゆにわ流という言葉そのものが使われることもなくなるでしょう。それこそが、私の真の願いです」と。

世の中の当たり前を変えていくのは一人ひとりの行動であり、言葉であり、毎日の小さな〝選択〟の積み重ね。

未来は自分の手で、選ぶことができるのです。

妥協するのは簡単。

でも、まず自分から情報のアンテナを立ててみましょう。

すると、こだわりの生産者さんやお店が思いがけず身近に見つかったりするものです。それぞれの土地で真摯に食材に向き合っている方が、必ずいらっしゃいます。自分から求めれば、必要な情報は入ってきます。

私自身も、ゆにわを始めてから、価値あるもの、美味しいものは、世の中にたくさんあると知りました。それまでは、出会っていないだけだったのです。

本物を選ぶことで、本物が生き延びられる世の中にしていく。

これは、それぞれのご家庭でも、お一人からでも、できることだと思います。

一〇年後の食卓が、もっとひかりに溢れることを願って、今日の食卓を選びましょう。

仲間になるとき

人生には、「歴史が変わる瞬間」というのが、何度か訪れます。
でもそういう瞬間って、案外、わからないものかもしれません。

後々になって振り返ったときに、やっと見えてくるのです。

二〇一六年一〇月。
一通のメールが届きました。

「ちこさんこんばんは。
先週は、突然のランチ予約にご対応いただき、ありがとうございました。
みんな初めてのランチだったので、たくさん、味わって、楽しんでいました。
（中略）
私はめったにメールなんてしないのですが、今回、する気になったのには理由があります。『当事者になろう』と思ったからです。

そう思ったのは、つい先日、家の台所でごはんの支度をしていた、本当に何気ない瞬間でした。

私は五年前にゆにわを知り、ちこさんのセミナーCDを聞いたり、何度も『ゆにわ』の各店舗へ足を運んだり、ゆにわと同じ調味料を揃《そろ》えたり、できる範囲で少しずつやってきていました。

SNSでもゆにわの写真を見るたび、暮らしのすき間で、想いを馳せてきたんです。

でもここで初めて、気持ちが変わりました。

ゆにわ流の実践において、〝取り巻き〟でも、〝中途半端〟でも、〝なんとなく〟でもなくて、もっと自ら学んでいこう、始めよう、って思ったんです。


ちこさんは覚えていらっしゃるでしょうか。大学を卒業する前、私は『ゆにわで働かせてください』と、お電話したことがありました。当時の私としては、それはもうかなり勇気を振り絞っての一大決心でしたが……、その頃、ゆにわは外部から募集をされていなかったので、あえなく撃沈でした（笑）。

それから、なんていうか、恥ずかしさなのか、うしろめたさなのか、自分の本音に正面から向き合えなくなったというか。

純粋に学びたいとか、こう生きたい、とまっすぐに憧れを持てなくなっていて……。でも最近、一人暮らしを始めて。意識せずとも自分と向き合うことが増えました。そしたら、周囲に影響を受けていたことを認識できるようになって。やっぱり私は食を大事にしたい。服や、化粧や、仕事や、その他もろもろにお金や時間を使うのではなく、整った生活を送りたい。それが第一優先。その他のことは、もういらない、と思ったんです。

以前は旅行が好きだったけれど、もうわりと満足したし、早いところ始めて、とっととスタート地点に立とうかなと。旅行は、そのあとまた行きたくなったら行けばいいや、と思っています。

なんだか取り留めもなくなってしまいましたが、またどうぞご指導よろしくお願いします」


「当事者になろう」と思ったから。

この気持ちの転換って、すごく大きいものだと思います。

「遠目で見ているだけ」というスタンスと「自分も当事者になる」というスタンスで

郵便はがき

料金受取人払郵便

新宿北局承認

8076

差出有効期間
2020年6月
30日まで
切手を貼らずに
お出しください。

169-8790

154

東京都新宿区
高田馬場2-16-11
高田馬場216ビル 5 F

サンマーク出版愛読者係行

ご住所	〒　都道府県	
フリガナ		☎
お名前		(　　　)
電子メールアドレス		

ご記入されたご住所、お名前、メールアドレスなどは企画の参考、企画用アンケートの依頼、および商品情報の案内の目的にのみ使用するもので、他の目的では使用いたしません。
尚、下記をご希望の方には無料で郵送いたしますので、□欄に✓印を記入し投函して下さい。

□サンマーク出版発行図書目録

1 お買い求めいただいた本の名。

2 本書をお読みになった感想。

3 お買い求めになった書店名。

市・区・郡　　町・村　　書店

4 本書をお買い求めになった動機は?

・書店で見て　　・人にすすめられて
・新聞広告を見て(朝日・読売・毎日・日経・その他=　　)
・雑誌広告を見て(掲載誌=　　)
・その他(　　)

ご購読ありがとうございます。今後の出版物の参考とさせていただきますので、上記のアンケートにお答えください。**抽選で毎月10名の方に図書カード(1000円分)をお送りします。**なお、ご記入いただいた個人情報以外のデータは編集資料の他、広告に使用させていただく場合がございます。

5 下記、ご記入お願いします。

ご職業	1 会社員(業種　) 2 自営業(業種　) 3 公務員(職種　) 4 学生(中・高・高専・大・専門・院) 5 主婦　6 その他(　)		
性別	男・女	年齢	歳

ホームページ　http://www.sunmark.co.jp　　ご協力ありがとうございました。

は、同じことを学んでも、吸収するスピードがまったく変わってきます。
ほしい部分だけいいとこどりして、根本的な部分はそのままの自分でいたい、というスタンスでは、きっと伝える側が「一〇〇」のことを伝えようとしても、せいぜい「一」も伝わるかどうか……、というところでしょう。

これは、何を学ぶにおいても言えることだと思います。

正直、私自身も、誰かに伝えようとするとき、当事者意識をもって求めてこられる方の前では、勝手に口が回ります。不思議なんですけどね。自然とお話しする内容も変わって、コミュニケーションが深まっていくのです。

「スタンスが大事」というのは、私自身が北極老人から料理のこと、人生のことを学ぶうえでも、深く深く実感してきたことでもありました。

北極老人のまわりには「もっと話が聞きたい」「相談に乗ってほしい」と、たくさんの人が集まっていましたが、そのスタンスはさまざまでした。

大きく分けると二つです。

遠くで見ているだけの、あっち側の人と。

近づいて、当事者になろうという、こっち側の人と。

私は、当事者になりたかったのです。

北極老人が見ている景色を、自分も見たかった。

食べることはもちろん、本当に大事にされるべきことが、大事にされなくなっている世界を、ただ見ているだけの傍観者にはなりたくなかったのです。

悲鳴をあげている地球のことを、もっと知らなければと思いました。


今、一緒にゆにわを守っている仲間も同じような思いでつながり、何もないところから学びはじめたメンバーです。

別に、特別な才能があったわけでもありませんし、家庭環境に恵まれていたわけでも、英才教育を受けてきたわけでもありません。

みんな、どこにでもいそうなフツーの高校生、大学生だったんです。

平凡な毎日を過ごして、ジャンクフードだって、何も知らずに平気で食べていました。


ただ、違っていたのは〝スタンス（立ち位置）〟です。

いつの日からか「当事者になろう」と心に決めただけ。


その瞬間というのは、ふと突然、訪れるのかもしれません。

自分の歴史が変わるとき。

それは自分のスタンスが変わるときです。


先ほどメールを紹介した彼女にとっては、ふと訪れた、「始めよう」という瞬間。

そして、後先考えず、何かに突き動かされたように、夢中でキーボードを叩いて、メールを送ったその日。

きっと、未来が変わったのでしょう。


そんな彼女は、その後、ゆにわのある楠葉に引っ越してきました。

このメールから、わずか一週間後のことです。

そして今は、私の秘書として、ゆにわのメールマガジンを書いたり、事務作業をこなしたりして、御食事ゆにわを見えないところで支える仲間になりました。

第三章

生きることの本質

お米がたくましく育つには、
小さな苗のときに、しっかり根を生やすことが大事だといいます。

本章で描くのは、「御食事ゆにわ」ができるまでの物語。

まさに私たちにとって、種を植えられ、大地に根を張り、
自分の足で立つための、準備をしていた時期でした。

この期間に経験したこと、学んだこと、気付いたことは
すべて今のゆにわを支える礎《いしずえ》になっています。

この物語から、美味しいごはんを作るための秘訣《ひけつ》と、
あたたかみのある生き方の本質を、感じていただけたら幸いです。

美しい生き方

〝ひかりのおむすび〟を、握れるようになりたい。

大学受験を終えた私は、その大きな目標に向けて歩きはじめました。どうすれば握れるようになるのだろう？　と考えたときに、握り方だけを教わってもダメだということは、わかっていました。

小手先の技術では、ひかりは生まれない。私を闇から救ってくれた、あのおむすびには、北極老人の人生すべてがつまっている。そう感じたからです。

そこへ行き着くには、北極老人が日頃、どんな感覚で生きておられるのか。どんなことを喜び、どんなことを悲しみ、何を嘆き、何を祈っておられるのか。それを知り、同じ感覚で生きられるようになることが第一だと思いました。

だから私は、大学合格が決まったその日に、北極老人にお願いしたのです。

「先生のそばで、何でもいいから、お手伝いさせてください！」

そうして、大学の授業が終わったら一目散に塾に行って、お手伝いをさせてもらう日々が始まりました。

微力ながら、お世話になった北極老人に、何か恩返しがしたいという思いもありました。それは、塾に通い続けていた他の卒業生たちも、みんな同じでした。


でも当時、ちょっと困った事態になっておりまして……。

まだ塾生が二〇人くらいしかいないのに、「この塾で働かせてください！」という大学生が一〇人もいたのです。なんともアンバランスな状況。

ご夫婦二人で経営されている小さな塾ですから、当然ながら、そんなにたくさんの大学生をアルバイトで雇うことはできません。

しかも北極老人は、利益が出たら、その分だけ塾生がもっと幸せになるようにと、なんのためらいもなくお金を使う方でした。

まったく〝我《が》〟というものがないのです。

塾生に料理を振る舞ってくれるときも、わざわざ京都の八百屋さんや、錦市場にいい食材を買い出しに行ってくれたり。

塾生が元気でいられるように、空気清浄機を何台も置いたり、浄水器、オーディオ、アロマ、紅茶など、とにかく塾内の環境を良くするために余念がありませんでした。

普通の学習塾なら必要のないところにまで、お金を使われていたのです。

そんな事情は、話に聞かずともそれとなしに感じていましたし、そもそも自分を磨くために手伝わせてもらっているんだから、アルバイト代をもらうなんて申し訳ない気持ちでした。

しかも、私には受験生に勉強を教えられるほど学力はありません。できることといったら、事務作業と掃除くらいですからね。

それでも、シフトに入らせてもらえたときは、ちゃんとアルバイト代をくださいました。せめてそのお金は、勉強のために自己投資しようと思いました。

北極老人からは、

「若いうちに、一流の人物にたくさん出会いなさい。一流の料理、絵画、舞台、文章に、できる限り触れて、成長の糧にするといい」

と教わっていたので、かけもちしているアルバイトを合わせてお金がたまったら、北極老人がおすすめするレストランや、ミシュランガイドに名を連ねる名店に食べに行きました。

一か月のアルバイト代金を、その一回の食事で使うこともしょっちゅう。いずれも、大学生が食べに行くような店ではありませんでしたが、食べに行くたびに気付きがあり、世界が広がりました。

本を読んで感動したら、その著者を生身で感じるために、会いに行ったこともありました。

でもやはり、私がいちばん学びたいのは、北極老人の生き方でした。

シフトのない日も塾に通って、とにかくお手伝いできることを探していました。

たまに北極老人が料理をされるときは、そのサポートをさせてもらいながら、調理を学べるとても貴重な時間で、むしろ私からお金を払わないといけないのでは？　と思っていました。

けれど当時、こういう話を大学の友人にしても、ほとんど理解されませんでした。

「えっ、手伝いって何？　普通にアルバイトした方が得じゃない？」なんて言われてしまう。みんな時給の高いアルバイトにしか興味がなくて、感覚を共有できないのです。

今の人は、「働いたら、働いた分だけお金がもらえる」という感覚が、当たり前になりすぎていると思います。そのせいで、お金よりも大事な働く意義が、見えなくなっている人もいるのではないでしょうか。

働く意義というのは、「傍《はた》を楽にすること」。誰かの幸せのために、奉仕すること。そして、誰かの幸せを、心から、素直に喜べる自分に成長することです。

北極老人がおっしゃるには、日本の神話に出てくる神々は、来る日も来る日も、機《はた》織《お》りをされているそうです。

それはそれは麗《うるわ》しい織物だそうで。

日本人らしい、美しい働き方は、天空でも同じようです。

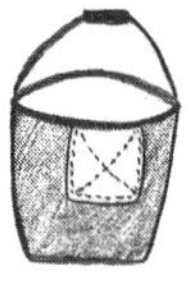

歩く掃除機になりなさい

北極老人のそばで、まず徹底的に学んだことは〝掃除〟でした。

料理も、仕事も、人生も、掃除に始まり、掃除に終わる。

そう言ってもいいくらい、そこから多くのことを学ばせていただきました。


塾でアルバイトの日は、塾全体をひととおり掃除して回っていました。

タイムカードを押して、掃除スタート。

そこから、事務室、リビング、ダイニング、キッチン、自習室、トイレ、廊下に玄関……、おしゃべりは我慢して、冬でも汗をかくくらい無我夢中で掃除しました。

ひととおり終わったら、タイムカードを押して終了。


始めた頃は、隅から隅まで掃除するのに、三時間はかかりました。

でも同じ場所の掃除を続けているうちに、自分の動きのムダが見えてきます。

そのムダをひとつ消していくごとに、スピードアップしていきました。

半年後には、同じ範囲を一時間で終えられるようになりました。

当時、時給七〇〇円くらいだったでしょうか。


そういうと、こんな声が聞こえてきそうです。

「早く掃除するほど損じゃないの？」

「ゆっくりテキトーに掃除したらいいじゃん」って。


けれど私は、お小遣い稼ぎをするよりも、どうすれば北極老人のように美しく生きられるのか、その秘密を知りたい一心だったのです。

掃除において、目標にしていたことが二つありました。


ひとつは、塾の営業が終わるまでに、掃除をすべて終わらせること。

もうひとつは、北極老人に掃除をさせないこと、でした。

北極老人が掃除をされるということは、「ここの掃除が足りていないよ」ということですから、掃除をさせたら負けだと思っていたのです。

でも、これがなかなか、クリアできないんですね。

「よしっ！　今日こそ完璧」と思っても、北極老人は汚れたり、乱れたりしているところを一瞬で見つけられるのです。ほんとに、不思議でなりませんでした。

その秘密を尋ねてみると、

「空間の〝気〟を感じれば、たとえ離れていても、その場が整っているか、乱れているか、わかるからね」

とのことでした。

空間に〝気〟が満ちていないと、なんとなく、どんより暗い雰囲気の場になります。そこには安らぎは生まれませんし、それこそ気が散漫になって、勉強はもちろん、何事にも集中できない。そして、空間が汚く見えたり、ものも壊れやすくなります。

〝気〟を集める最良の方法こそが、〝掃除〟と〝整理整頓〟なのです。

世間では、これらは〝下っ端がやる仕事〟だと見られがちですが、私たちはこれらを「下《げ》座《ざ》行《ぎょう》」と呼び、とても大切にしています。


なぜなら〝気〟を集めることが、あらゆる仕事の基本になるからです。


美味しい料理を作るためにも、まずは調理場の〝気〟を高めることが第一。

空間の〝気〟が薄かったり、邪気に満ちていたりしたら、料理する人の〝気〟や、食材がもつ〝気〟まで、吸い取られてしまいます。

すると、味にしまりのない、気の抜けた料理になってしまうのです。

ですから、手が勝手に動くくらい掃除が板についてなければ、美味しいごはんを作り続けることはできません。


〝気〟を集める掃除をするためには、〝気〟のもち方と配り方も重要です。

神様の通り道をキレイにするような気持ちで、掃除をすること。

ものをものとして見ず、そのいのちを慈しむ気持ちで、撫《な》でるように拭くこと。どうすれば、その場を訪れる人が心地よく過ごせるかな？　使いやすいかな？　嬉しいかな？　と、気を配りながら整理整頓すること。

私は、掃除中に雑念が湧くこともありましたが、そういうときは「ありがとうございます」と、心の中でずっと唱え、祈りながら掃除をするようにしていました。するると、空間がキレイになると同時に、自分の心も洗われるようで、自然と感謝が湧いてきたものです。

北極老人からは、「歩く掃除機になりなさい」と教わりました。

この言葉を教わってから、改めて北極老人の日常を見ていると、新たな発見がたくさんありました。

それまでは、「ずっと塾をこんなにキレイに保つなんて、いつ掃除をしているんだろう？」と疑問に思っていたのです。

でも、答えはシンプルでした。

四六時中、ご自身のまわりをキレイにされていたのです。ゴミを拾ったり、拭いたり、ものの置き方を整えたり、換気したり、といったことが、何気ない行動の中に溶けこんでいる感じ。

塾生からの質問に答えているときには、よく観葉植物の葉っぱを一枚一枚、やさしく撫でておられました。

こんな風にいつも、机にも、棚にも、ものにも触れ続けているから、ほとんどほこりがたまらないし、気を向け続けているから、空間に〝気〟が満ちるのです。

こうして育てられた空間からも、私は愛をもらっていたんだなぁと気付きました。

「歩く掃除機になる」ということは、その人が通ったあとの空間も、その場にいる人の心も、みんなキレイになるということなのです。

そして何より、自分自身の心も美しくなるのでしょう。

下座行を積み重ねると感覚も繊細になってまわりの人にも気を配れるようになります。

自分が上の立場になったとしても、それを支えてくれる人たちの気持ちや苦労がわかるので、感謝を忘れません。

だから、いくら偉くなっても、お金持ちになっても、決してテングになったり、人を見下したりせず、健気《けなげ》でいられるのです。

お金には代えられない、この大事な精神を、私は塾の掃除から教わりました。

誓い合ったあの日

「ノブレス・オブリージュ（noblesse oblige）」という言葉があります。

地位や富を得たならば、それに応じた社会的責任と果たすべき義務が生じる、という意味です。

真理に出会い、真実の愛を垣間見たのなら、それをまた次に伝えていくことが、先に知った者の義務であり、使命なのでしょう。

私たちは大学生の頃から、もう一生かけても返しきれないほどのご恩を受けてきました。

北極老人は、まるで私たちをわが子のように……。

いえ、わが子にも注げないほどの大きな愛を、注いでくださいましたから。

ご夫婦二人で、塾生たちの面倒を見るだけでも大変なことです。

しかも北極老人は、かつて受験生時代、全国模試で幾度となく全国一位を取った伝説の受験生で、その経験から全教科を教えられていたのです。

受験生に休みはありませんから、三六五日、年中無休。

朝早くから勉強会の準備をして、塾の営業を終える頃には、もう日付が変わっているのです。

その時点で、クタクタになってもおかしくないはず。それなのに、北極老人はそこから大学生の私たちに何時間も話を聞かせてくれました。

その話の深遠さたるや、世界中を巡り歩いても、ここでしか聞くことができないんじゃないかと思うほど。みんな時が経つのも忘れ、気がつけば夜も明けて、チュンチュンと雀《すずめ》が鳴いていることもよくありました。

時に、人生相談に乗ってくれたり、叱ってくれたり、笑わせてくれたり、美味しいコーヒーを淹《い》れてくれたり。いったい何百時間、何千時間、濃密な時間を過ごしたでしょうか。

そのような日々のおかげで、心は満たされていきました。塾にいるときも、いないときも、いつも幸せな気持ちで過ごせるようになったのです。

けれど、ある日、私たちはその先にある世界を知ります。

私たちには、リーダーがいました。

現在、ゆにわの各店舗を運営しているグレイトティーチャー株式会社の社長・長尾瞳です。彼女は大学生の頃から、抜群のリーダーシップでみんなを束ねる姉御的存在であり、北極老人の一番弟子でした。

その夜も、私たちは塾長からたくさん話を聞かせてもらい、「今日もすごい話だったね」と言い合いながら、朝の五時ぐらいにみんな帰ろうとしていました。

そこへ、真剣な面持ちで彼女が現れたのです。

「みんな、幸せボケしてるんじゃない?」

ふわふわとした気持ちでいた私たちは、その一言の迫力にピタリと止まりました。

しんと静まり返ったリビングに、彼女の透き通った声が響きました。

「みんなは大学生の中でも本当に幸せやと思う。

それは紛れもなく、面倒を見てくれた先生のおかげやろう。

世間の大学生は、みんな人生に迷っている。

その中で、人生の師と呼べる人に出会える人は、ほとんどいない。

けど、私たちは先生に出会えた。私はこの出会いを、奇跡やと思ってる。

どれほどありがたいことか、朝起きて夜眠るまで、毎日、片時も、忘れたことはない。それくらい、もう感謝してもしきれない。

先生と出会うきっかけを与えてくれたすべての人たちにも、恨んでた過去にも、心からありがとうって思うようになった。

きっと神様が導いてくださったお陰で、ここまで辿り着けたから。

先生が私たちに目をかけてくださるのは、みんなが何かに秀でているからじゃない。仕事ができるわけでも、何か役に立てるわけでもない。何もできないどころか、むしろ迷惑をかけてきたことの方が、どれだけ多かったか。

それでも、先生は変わらず愛を注いでくれた。

でも、どこかそれを、みんな当たり前やと思ってないか？


みんなも知ってるやろう。

先生は夜中、私たちに話をしてくださるまでに、朝から晩まで勉強を教え、親御さんの相談にも乗り、ほこりひとつ落ちていないほど塾を掃除し、愛情いっぱいの料理まで振る舞ってくれていることを。

それを、なんの苦労もなしに、やっているとでも？

先生は、たとえ体調が悪くても、熱があっても、私たちには悟られないように、顔色ひとつ変えない。

それでも、恩着せがましく言われることは決してない。

目の前に現れるすべての人に、愛を注ぐのが当たり前やと思われてるから。

ごく自然に、そんな生き方をされている人やから。

私たちに目をかけることも、先生が望んでされていることには違いない。


でも、受け取る私たちは、それを当たり前のように受け取るだけでいいのか⁉　いや、そんなはずはないだろう！

私は、先生が命懸けで注いでくれた愛を、みんながただ受け取りっぱなし、もらいっぱなしにするなんて……、先生のご苦労を想像すると、胸がいたい。

みんな、次のステージに立つべきときじゃないか？


私はもう、一生分の幸せを、先生からいただいたと思ってる。

生涯かけても返せないほどの恩をいただいた。

だから、残りの人生は、愛を与える側に回ると決めた。

みんな、先生からたくさん与えられて、『今日もいい話やったな』って、ただ帰るだけ。もらいっぱなしの生き方でいいか⁉

そもそも、それは先生が見せてくれている生き方じゃないやろ！

自分の幸せを求める、その先にあるステージを、ずっと先生は背中で見せてくださった。このまま、雛《ひな》のように親の餌を待っているだけでいいの？

先生は、それでもいいとおっしゃるかもしれない。

見返りを求めない、本当の愛のある方やから。

でも、私はそのまま終わるなんて、先生がかわいそうや」

そう涙ながらに語る彼女を見て、目が覚《さ》めました。

自分たちはなんて浅はかで、甘かったんだろうと。彼女の燃え上がるような思いに触れて、ぬるま湯に浸かっていたことに気がついたのです。

もちろん、「先生の役に立ちたい」「恩返しがしたい」という気持ちは、それまでもありました。けれど、どこか北極老人は雲の上のような存在で、自分たちも同じ目線に立つという発想には至っていなかったのです。

私たちはみんな泣き腫《は》らして、思い思いに熱い気持ちを語りました。

もう、今のステージは抜けよう。幸せを与える側に回ろうと、誓い合ったのです。

思えばこの日から、私たちは仲間という関係を卒業し、同志としての道を歩みはじめたのです。

幸せというものには、いくつもの段階があります。

より深い幸せに辿り着くには、手に入れた幸せを、疑わなくてはならないときがくるのです。

疑って、疑って、これぞ本物というものに出会っても、さらに壊し続けて。

それでもなお、疑いようのない真実、絶対に壊れない幸せに出会ったとき、きっと人は神を見るのでしょう。

地球を今一度、洗濯致し申し候

自分たちが、世の中のためにできることってなんだろう？

与える側の人になろうと誓い合ってから、私たちは毎晩、そんな話題で熱く議論していました。

ところが、話はいつも平行線。ここで知った幸せを、多くの人に伝えて、世界を変えたい！　そんな思いはふくらんでいくものの、実際、何をどうしたらいいのか、正直よくわからなかったのです。

自己満足で終わらせたくない。何か社会に貢献できるような大きな活動がしたい。でも、考えれば考えるほど、自分たちのスケールの小ささ、無力さばかりが浮き彫りになりました。夢を語っても、どこか言葉だけが上滑りで、現実味がない……。

そんな折、北極老人が『論語』で有名な聖人・孔子のお話を聞かせてくれたのです。

「若い頃の孔子は、自説を説き回り仕官を売り込んでも、さっぱりだった。ある遊説からの帰路、孔子が山中を歩いていると、何ともいえない良い香りがした。地味ながらも可憐《かれん》な花をつけた蘭《らん》だった。これを見た孔子は、『自分を宣伝するよりしっかり学問を深めよう』と悟った。学が成れば、おのずから人が寄ってくるに違いないと。以後、学問に励んだ。すると、あちこちから教えを請いにやってくる者が絶えず、今日に続く儒教の基礎を築いたのだ」

みんな、その言葉に迷いが晴れました。

「認められようとして焦るより、しっかり自分自身を磨こう。そうすれば、おのずから人の幸せにつながるんだ」と。

そして、門下生でひとつの学生サークルを立ち上げることになりました。

その名も「樟《しょう》下《か》村塾《そんじゅく》」。

明治維新の立役者や、明治政府の要人たちを数多く輩出した、吉田松陰《しょういん》の私塾「松下村塾《しょうかそんじゅく》」をもじって、ミスターステップアップのある地名「樟葉《くずは》」から一文字拝借し、つけた名前です。

歴史に名を残した松下村塾の講義室はたった八畳しかなかったといいます。そこで行われたわずか二年間の講義で、松陰の大和魂を引き継いだ門下生たちがその身を投じて、日本の歴史を作る活躍をしたのです。

私たちは、当時の維新志士たちの思いと、今の自分たちの気持ちを重ねて、盛り上がっていました。

とにかく、樟下村塾のメンバーは熱かった。

「このミスターステップアップから、おれたちも世界を変えようや！」

「そういえば、この塾のリビングも、八畳くらいだね」

「この塾を卒業したみんなが世界中で活躍して、一〇〇年後くらいに、『平成に樟下村塾あり』って語り継がれてたら、おもしろいな！」

まわりの大学生は、みんな冷めているように見えました。でも、まわりからどんなにシラけた目で見られても、気にしませんでした。気にしたら負けですから。

むしろ自分が大学に行って、みんなの心に火を灯《とも》してやろうじゃないか、くらいの気持ちで、大学生活を送っていたのです。

きっと吉田松陰も、「いやいや、あなた一人が奮闘したって、時代が変わるわけないじゃない」みたいな白い目と、闘っていたと思います。その当時、あのたった八畳の講義室から、日本が変わるなんて、誰も想像しなかったのではないでしょうか。

でも現に、日本は変わった。

そして歴史に名を残し、今もなお、吉田松陰を心の師と仰ぐ人がいる。

だったら今、自分たちが始めようとしていることも、絶対に未来がある。

そう信じていました。

かの坂本龍馬は「日本を今一度、洗濯致し申し候」という言葉を残しています。
当時は藩と藩、つまり日本人同士で争い合っていた時代です。
まだ「日本人」という感覚で生きている人がいなかったのです。
けれど龍馬は、日本をひとつにしたかった。

これからは地球上で世界がひとつにならなきゃいけない時代です。
ということで、樟下村塾のキャッチフレーズが決まりました。

〝地球を今一度、洗濯致し申し候〟

私たちはこの言葉を旗印に、講演活動を始めました。

最初は、近所の公民館を借りて、本当に小さな舞台からのスタートです。
目の前の一人ひとりに、まず自分たちが北極老人に学んだ精神を伝えることを大事にしました。

世界を変えようと思ったら、まず目の前の世界から。

大きなことを言っても、目の前が疎かになっていたら意味がない。

これは何事にも言えると思います。


講演のテーマは多岐にわたっていました。

食のことだけでなく、環境問題、さまざまな社会問題や国際情勢まで。

北極老人から、スゴイ話を聞いたはずなのに、いざ自分たちが話すとなると、みんな最初はぜんぜんまともに話せなくて。連日、朝まで模擬講演と反省会を繰り返していました。


本気で勉強して、講演して、お互いにダメ出しをするのです。

本気であるがゆえに、そのダメ出しも容赦なしでした。


話し方がヘタ、声が小さい、滑舌が悪い、内容が浅い、表情が硬い、雰囲気が暗い、何が言いたいのかわからない、論理が飛躍している、気持ちが乗っていない、祈っていない……、耳がいたい指摘をたくさんもらって、ダメなときは、もう全員からサンドバッグ状態です。

「人前で失敗したくない」とか「かっこ悪いのは嫌だ」とか「バカだと思われたくない」みたいな自意識やプライドがあったら、それこそ、木っ端微塵《みじん》に打ち砕かれていました。でも、それがよかった。

当時、私たちの修行の眼目のひとつに〝自己放下《ほうげ》〟がありました。

真の幸福、心の平安を達成するために、ちっぽけな小我《しょうが》を放《ほか》し、公のために生きるということです。

不要なプライドや自意識があると、いざ「変わろう！」と思っても、結局は小さい自分の枠の中におさまってしまいます。

誰でも、多かれ少なかれ、「私はこういう人間だ」「こうあらねばならない」という思い込みがあるもの。それはほとんどの場合、親をはじめとするまわりの大人たちから、幼少期に刷り込まれたものです。

そういった無意識のうちに表れる過去の影響を超えるには、身近な人から、愛をもって指摘してもらうのが最も近道なのです。

私は当時、いちばん年下で、女性ということもあり、そんなに厳しい言葉をもらうことは、比較的少なかったと思います。それでも、成長から逃げたり、自分の殻に閉じこもったりしているときは、みんなハッキリと指摘してくれました。

樟下村塾は、そういう関わり合いを通じて、各々が自分を磨く場だったのです。

講演会の前は、全員で近くにある石清水八幡宮《いわしみずはちまんぐう》に参拝して、来場される方々の幸せを祈りました。

とはいえ集客には、いつも苦労しました。無理もありません。

一介の大学生の話なんて、世間の人は興味をもつはずがないのです。

駅前で必死にビラをまいたり、各大学の掲示板にポスターを貼らせてもらったり、ホームページを立ち上げたり、当時、できる限りのことはやっていたと思います。

けれど、人が集まらない。お客さんはほとんど身内ばかり。

ひどいときは、お客さんがたった五名で、スタッフの方が数が多い、なんて悲惨な状況もありました。

それでも活動を続けるうちに、地方の新聞やラジオに取りあげられることもあって、だんだんと人が集まるようになっていきました。

それは喜ばしいことでしたが、同時に葛藤も大きくなっていったのです。

伝えたいことが、伝わらない……。

何より、最も伝えるのが難しかったテーマが、「食の大切さ」でした。
理想の食についてあれこれ語っても、必ず反論が返ってくるのです。

「自然な食事が大事っていうのはわかるけど、お金がかかるでしょ」
「毎日、仕事で忙しいのに、食事にそんな時間かけられないよ」
「結局、その理想の食って、どこで食べられるの？」

自分たちは北極老人に何度も美しいごはんを食べさせてもらい、だんだんと骨身に沁《し》みていったその感覚を、たった一度の講演でわかってもらうことは到底できませんでした。

同じ言葉でも、その人がもつ背景によって、伝わるものは違います。

いい話をしなきゃ、と気負って言葉を飾ったり、自分を大きく見せようと身の丈に合わない話をしたりしても、言葉が浮いてしまうだけで、本質は伝わりません。

いくら「食が大事」と言っても、自分自身の暮らしに根付いていなかったら、ただの情報だけになってしまう。

やっぱり人は、情報だけでは変われません。

心や魂まで、響かないからです。

そういう意味で、当時の私たちには、ちゃんと実践して軸を作ることが必要でした。

北極老人が食べさせてくれたようなごはんを、実際に味わってもらえる場があれば……。そんな思いが募っていったのです。

人生でいちばん大事なこと

自分が何をやりたいのかわからない。そんな悩みをよく聞きます。

でも私は、そんなことで悩む必要ないよ、って声を大にして言いたい。

人生において、「何をやりたいか」は、さほど重要ではないと思うからです。


社会では、学校教育でも、大学受験でも、就職活動でも「やりたいことはなんですか？」という問いが、四方八方から飛んできます。

だから、「やりたいこと」がハッキリしている方が偉いんだ、と誤解してしまっている人が多い気がしますし、親も子どもにそのような教育をしがちです。


そのため、大人になると「好きなことを仕事にする」という生き方に憧れて、自分探しをする人が増えているようです。

でも実際のところ、「本当に自分のやりたいこと」を見つけたと思っていても、たいていの場合、それは幼少期に自分以外の誰かによって、思い込まされたものだったりします。

親から「あなたは将来、◯◯になるのよ」「いい会社に入って、家庭をもつのが幸せなのよ」「安定した仕事を選びなさい」と教育された、とか。

「私は子どもの頃から、ずっと◯◯が好きだった」という好き嫌いも、生まれ育った環境によって決まることがほとんどでしょう。

だから、「やりたいこと」を追いかけるのは、自分の過去を掘り下げるようなもので、結局のところ自分の可能性を狭めてしまうことが多いのです。

アニメやドラマで、「この仕事かっこいい！」と感動して憧れた、なんてケースも多くあります。でも、あくまで作り話ですからね。

リアルな仕事現場は、やっぱり実際に社会に出て、自分の目で見なければわからないものです。

仮に料理人に憧れたとしても、「料理人」という職業そのものが素晴らしいのではなくて、志高い料理人もいれば、低い料理人もいる。それが真実。

だから、「この仕事で私は幸せになれる」と思っていたり、職業に優劣をつけていたりするとしたら、それは幻想を見ているようなものでしょう。

私は、大学卒業が迫ってきた頃、「やりたい仕事」がわかりませんでした。

けれどまわりはみんな就職活動で動きはじめていて、自分が進む道を決めなくてはなりません。

それは他の仲間も同様で、それぞれが探り探り、就職活動を始めていました。

学生のうちは、毎日のように塾に集まり、無目的な時間を共有できたけれど、社会に出たら、そうはいきません。

本音では、このまま北極老人のもとで学び続けたい。

この同志たちと離れ離れになるのは嫌だ。

そう思っていました。

けれど、このまま小さい個人塾に居座って、生活の面倒まで見ていただくわけにはいきません。

それぞれが、生計を立てられるようにならないといけない。それはわかっていました。けれど、就活でいろんな会社の説明会に行けば行くほど、何かが違う……。

大学の友人たちは、一人、また一人と、就職先を決めていきました。

けれど、将来を妥協している人が多かった。親を喜ばせたいから、友達にいい顔したいから、家族を安心させたいから、そんな気持ちで大事な未来を、納得していない環境に預けようとしているように見えたのです。

私の中にあったのは、

北極老人のようなごはんが作れる人になりたい。

こんな美味しいごはんを、食べ続けられる人生がいい。

ただそれだけでした。

ちょうどそんなときでした。

今「御食事ゆにわ」がある、あの店舗の敷地が空いたのは。


そこはもともと居酒屋さんでした。

でもある日突然、「閉店」の貼り紙が。


私は一目散に、仲間のもとへ向かいました。


「みんな、あの貼り紙、見た⁉」

「うん、見た見た！　あれって、今空いてるってことやんな？」


全員、塾のテーブルを囲み、目を見合わせました。

言葉にするまでもなく、みんな考えていることは同じだったのです。

「先生に相談しよう。誰かに取られる（契約される）前に、とりあえず押さえよう！」

私たちは、すぐに先生に思いを伝えに行きました。

「先生、あの場所を借りて、みんなで何かしたいです！」

「樟下村塾で伝えてきたことを、今度は実践できる場を作りたい！」

先生は一言。

「本気か？」と。

その言葉の迫力に、これから始まる挑戦は決して甘くない、貫く覚悟はあるのかと、問われているように感じました。けれど、みんなの心は決まっていました。

「やりたいです！　やらせてください！」

「このチャンスを見逃して、後悔したくないんです！」

「自分たちでなんとかしますから！」

みんな、口々に思いを伝えました。

先生は「わかった」と、静かにうなずかれました。

そうと決まれば、善は急げです。

テナントを借りる頭金だけは、みんなの貯金を集めてなんとかできました。

でも、まだ何も始まっていません。

なにせ、その店舗で〝なんの店をするか〟すら決まっていないのです。

それなのに、とりあえず場所を借りてしまうという、前代未聞の無計画さ。

しかも、みんな大学を卒業したばかりで、社会人経験ゼロの集団でしたから、右も左もわからない状況です。


それから毎日、話し合いの日々が始まりました。

「さぁ、この場所で何をしようか？」と。

レストラン、カフェ、自然食品店、八百屋……。

いろいろと候補を挙げて、最有力として残ったのが、小中学生向けの学習塾でした。

小中学生なら、自分たちでも指導できるし、その塾を卒業した生徒たちが、エスカレーター式に大学受験塾ミスターステップアップに入塾できたらいいよね、というアイデアでした。
今にして思えばなんとも安易ですが、私たちなりに、ひねり出した結論でした。

でも方向性が決まったところで、開業資金はゼロです。
もう場所は押さえていますから、家賃だけはかかる状態。
どこかから借りてくる他に道はありませんでした。

それから必死で事業計画書を作り、資金調達に奮闘する日々が始まりました。
日本政策金融公庫や銀行を駆けずり回りました。
でも、どこへ行っても門前払い。相手にすらされません。
当然といえば当然です。
学生あがりのメンバーだけで、自己資金もゼロ。
誰がどう見ても、こんな事業、成功するとは思えませんから。

同時に、身内や知人友人からも、貸してくれる人を探しました。
けれど、親兄弟も親戚も、まわりの大人は誰一人、理解を示してくれませんでした。

親にその話をもちかけるやいなや、猛反対されるメンバーもいました。

「なんのために大学に行かせたと思ってるんだ！」
「そんな事業が成功する見込みがどこにある？」
「もっと現実を見なさい！」
「潰れたら、誰に迷惑がかかると思ってるんだ！」

相談をもちかけても軽くあしらわれてしまう。
万策尽きて、頼れるのは北極老人しかいませんでした。

私たちは一同揃《そろ》って頭を下げて、先生に頼み込みました。

すると北極老人はあっさり、「なら、私の名義を使いなさい」と。

まるでちょっと小銭を貸すくらいの軽いノリで、そうおっしゃったのですが、冷静に考えればあり得ないことです。だって、この一言で先生は、人生を棒に振るかもしれないのですから。

もし、この店が潰れたら？

借金だけが残り、すべての責任が北極老人のところに行くのです。背負うのはすべて先生。

しかもこの賭け、勝てる見込みは限りなくゼロに近い……。

正直なところ、当時の私は、まだこの返答の重みがわかっていないところがありました。でも時が経つほどに、恩の大きさが身に沁みてきました。

北極老人がどうして私たちの頼みに、あんなにもあっさり返してくださったのか。

お金を出そうが、出すまいが、もうとっくに北極老人は、私たちに人生を賭けてくださっていたのです。

「何をやりたいか」よりも大切なことって、なんなのか？

その答えを、すでに北極老人は言葉ではないところで、教えてくださっていたのです。

あのとき、「何をするか」すら決まっていなかったのに、
「この場所を借りよう」
「ここから始めよう」
と、門下生の全員が、一切の迷いなく決断できたのは、その答えを知っていたからです。

人の幸せは、「何をするか」ではなく、「誰と生きるか」で決まるということを。

どれだけ好きなことをやり尽くしても、
誰とも信じ合えない人生は、きっと悲しいものでしょう。

同じ志に燃えられる〝誰か〟がいる。
共に命懸けになれる〝誰か〟がいる。

言葉を超えて通じ合う〝誰か〟がいる。
共に生き、共に死ねる〝誰か〟がいる。

それさえあれば、人は何をしていても、こよなく幸せでいられるのです。

結局、話し合いのすえに、小中学生の塾をする案はボツになりました。

そして私たちはまず、
「自分たちが美味しいごはんを毎日食べられる、ごはん処《どころ》」
を作ることにしたのです。

みんなで意見を出し合って、
店の名前を、「ゆにわ」と決めました。

土台が強固な器を作る

大きな成功も、絶対的な歓喜も、深遠な悟りも、「器」が小さければ、盛ることはできません。ただ、音をたてて、割れてしまうでしょう。

開業資金が集まってから、ゆにわの店舗づくりが始まりましたが、それは同時に、私たちの〝器づくり〟の期間でもあったように思います。

北極老人は、稀代《きだい》の風水師でもありましたから、アドバイスをいただきながら、店舗のイメージを決めていきました。

決まったコンセプトは、都会と田舎の融合したような店。

そして、いるだけで癒やされる神社のような場、でした。

いくつかの工務店にイメージを伝えて、見積りを出してもらいました。

そうしたら、軒並み工事費がすごく高くて。

これじゃあ、工事費だけでお金がなくなってしまう。困った……。

そんなとき、お手本になるようなかわいくて素朴な八百屋さんがあったので、その店を作った工務店を紹介してもらう話になりました。

工期は三か月ほどかかるということでしたが、費用はダントツで安い。

すぐに話が決まり図面をひいてもらって、さっそく工事がスタート。

ゆにわの店舗には、いろいろと見えないこだわりをつめ込みました。

譲れなかったのは「水」です。水はすべての料理のベースになるから。

水道管のもとにつけるタイプの浄水器を三台、さらに厨房《ちゅうぼう》には卓上の浄水器をおき、合計四台の浄水器を通しました。

私たちが目指したのは、地球が今より遥かに澄んでいた頃、縄文時代の水でした。

決してお金に余裕があったわけではなかったのに、浄水器だけでゆうに一〇〇万円以上をかけました。

空間にもさまざまな仕掛けを施しました。

壁にマイナスイオンが発生するパウダーを練り込んだり、座敷の畳の下に炭を埋めたり、地磁気や周波数を調整する装置を導入したり。

普通の店舗ならお金をかけない、しかもお客さんは誰もそのこだわりに気付かないところに、工事費と同じくらいのお金がかかりました。

さらに、厨房の什器《じゅうき》、調理道具や器を揃えたり、どんどん出費はかさみます。

結局、このままいけば、資金はほとんど底を突いてしまう計算でした。

さて、長い工事中も空家賃はかかりますし、スタッフの生活費も必要です。

となると、なんとかしてお金を稼ぐ必要が出てきたのです。

とにかく即金にならないと、来月の家賃すら危うい、という状況。

そこで、すぐに現金収入を得られる日雇いのアルバイトに、みんなそれぞれが行くことになりました。

日中は、料理の練習をしたり、備品を揃えたり、メニュー構成を考えたり、オープンに向けて動いていましたから、アルバイトに出るのは夜です。

多かった勤務先は工場でした。

子ども服をダンボールに仕分けする作業、コンベアーで流れてくる電気部品をひたすら検品する作業、いろいろやりました。


こうした仕事現場に入ると、ふだん、何気なく触れているものの背景にある世界が実感をともなって見えてきます。

いちばん衝撃を受けたのは、食品関連の工場でした。

私が見た限り、どの工場でも食品が〝食べ物〟ではなく、単なる〝物質〟としてしか扱われていないのです。


ある日は、コンビニで売られている「冷やし中華」の製造レーンに入りました。

そこには、大型トラックほどもありそうな、麺を茹《ゆ》でる大きな機械がありました。

茹で上がった麺は、ぶくぶくと白く泡立った液体のシャワーを浴びせられていました。あとで調べてみると、防腐効果を高めたり、麺をほぐれやすくしたりする食品添加物だったようです。

その機械から、麺が一人前ずつの量になって、約五秒おきに、「シュコッ」という無機質な音とともにダクトから飛び出してくるのです。

それをプラスチックの器で受けて、レーンに流す。

この単純作業を半日やりました。

レーンの先では、きゅうりを盛る係、ハムを盛る係、タレの袋を入れる係……と、一人一役、並んでいました。

目立ったのは、日頃のグチやうわさ話を、ぺちゃくちゃとおしゃべりしながら作業するおばさま方です。

一度でもこの現場を見てしまったら、もうコンビニで冷やし中華を買おうとは思わないし、食べられなくなるだろうなと。

ここで作られた食べ物が、全国のコンビニに出荷されて、たくさんの人や子どもたちの口に運ばれるのかと思うと、なんとも複雑な気持ちでした。

食べ物は、人のいのちになるものなのに。

ただの物体としてしか扱われていない現実。

そこには愛情も、あたたかさも、思いやりも、感じられない。

ただ、見た目だけが美味しそうに盛り付けられている、虚飾の食べ物でした。

そして、ここで目にしたものは、世の中の食のほんの一端でしかなく、「日本の食を変える」という言葉の重さと、使命の大きさに、改めて向き合わされた気持ちになりました。


さて、こうして夜中は派遣のアルバイトをして、みんな寝る間もない日々が続きました。それでも、なかなかお金は集まらない。

全員で毎月五〇万円は集めるという目標額を設定しました。

目標といっても、努力目標ではありません。

現実は待ってくれませんから、これだけは集めないとお金が底を突いて、店ができなくなるのです。

そうなれば、解散するしかない。

みんな必死です。

給与の支払日には、アルバイトで稼いだお金を持ち寄りました。

みんな財布をひっくり返して、テーブルの上になけなしのお金を出すのです。

それでも、五〇万円に届かない月が何度もありました。

大変だ、どうしよう、なんとかするしかない。

「おれ、今から電話して、借してくれる友達探すわ！」とか「あと一〇万、出してもらうように親に頭下げてくる」と言って、とにかく思いつく限りの手を尽くして、毎月毎月、崖っぷちを乗り越えていきました。


そんな調子でしたから、私自身、財布を開けても一六円しか入っていない、なんていうときもありました。

それまでは親に守られて生きてきましたが、今回ばかりは親にも頼れない。

なぜなら、この店をすること自体、親に大反対されていたからです。

あまりにお金がなくて、つい無意識のうちに、自動販売機の下にお金が落ちてないかと、探している自分にびっくりしたこともありました。


ありがたかったのは、一人のスタッフの実家が和菓子屋さんをしていたこともあり、食べるものに困ってお腹が空いたときに、お饅頭《まんじゅう》をくださったこと（笑）。

それだけじゃなくて、焼きそばを作ってパックにつめてもたせてくれたこともありました。それをもって、また夜勤のアルバイトに行きました。

あたたかみを感じるごはんを食べられることが、こんなにありがたいなんて。

涙をこらえながらアルバイトの休憩時間に焼きそばを食べたとき、人は栄養を食べているんじゃなくて、〝気〟をいただいているんだということを頭ではなく、お腹で理解しました。

頭に詰め込んだ知識よりも汗を流し、涙をにじませるような経験を通して学んだことのほうが人生の役に立つと、今改めて思います。

人生を通じた遊び

人は夢をもち、本気で叶えようとすると、必ず逆境が訪れます。

そこで、本気の質を、天に試されるのでしょう。


工事開始から三か月が過ぎた頃、そのテスト期間が訪れたのです。


いよいよお店がオープンする、かと思いきや、蓋を開けてみると、ぜんぜん工事が追いついていません。

依頼した大工さんは、感性に従って工事を進める芸術家タイプのようで、予定通りに進めるのが苦手だということが、ここにきて判明しました。

思ったように職人さんが集まらず、人手不足もあったようです。

でも、ずっと空家賃を払い続けるわけにもいきません。

「一日でも早く仕上げてください！」

全員で頼み込みました。のんびりした雰囲気の大工さんもさすがに、

「わかりました。明日からは人手を増やします」と。

そして翌日、大工さんが連れてきたのは、小学三年生の娘さんでした。

「マジで人手不足やねんな……」

仲間の一人が、ガッカリした声で言いました。

「いやいや、悠長なこと言ってられへん！　これはもう、自分たちでなんとかするしかないで！」

その日から急遽《きゅうきょ》、男性陣は工事の助っ人に加わることに。

背に腹は代えられませんから、素人ながら、見よう見まねで何でもやりました。

セメントを混ぜて流しこんだり、漆喰《しっくい》で壁を塗ったり。

今でも、御食事ゆにわの一部の壁は、ちょっと漆喰の塗り方がいびつになっています。実はそこ、大工さんじゃなくて、うちのスタッフが塗ったところです。

今となっては、いい思い出ですが、当時は笑えませんでした。

材料集めのために、わざわざ軽トラックを借りて、海岸まで流木を拾いに行ったメンバーもいました。二〇〇本ぐらい流木を拾って、意気揚々と帰ってきたのです。

でも、流木って水を含んでいると建材に使えないことが発覚。

結局、使えたのはそのうち二本だけ。

それが今も、御食事ゆにわのドアの取っ手になっています。

ずいぶんと非効率なことを、たくさんしていました。

こんなペースでやっていて、いつオープンできるんだろう……。

そんなムードの私たちに対して、北極老人から指摘をいただきました。

まだ店をオープンするという臨場感に欠けていると。

図星でした。みんなの頭の中に、お店という〝箱〟ができたら、なんとなくオープンできるかのような甘い考えが潜んでいたことを、北極老人はお見通しだったのです。

そして、アルバイトで外に稼ぎに出るのをやめるように言われました。

そうやって保険を作っていたら、きっと本業に力を注げなくなるから。


はじめのうちは、外で稼いでくる、でもよかったのでしょう。

でも実際、店がオープンするとなれば話は別。

どれだけ立派な理念を掲げても、その店の商品を売り、ちゃんと利益を上げられるようにならなければ、店は潰れてしまいますから。

そう考えると、飲食業だけで、スタッフみんなの生活をまかなうのは到底不可能でした。

それどころか、ゆにわで使う予定の食材も、調味料も、普通なら飲食店では決して使わないような上質なものばかりでしたから、一円の利益を出すだけでも、すごく難しいのです。


その頃、北極老人から何度も叩き込まれたことがありました。

「全員が自営業者スピリットをもて!」ということ。

言われたことをやるだけの受け身な仕事はダメ。

この店は自分がなんとかする！　死に物狂いで成功させる！
そのような気概を、全員がもつことを求められました。

当時の私たちは、きっと、そういう意識が欠けていたのでしょう。
それは、支え合う仲間がいることの弊害、と言えるかもしれません。

一人ではできないことも、みんなでやればできる。それは組織のいいところです。
しかしその一方、みんながいるから、という互いの依存心のせいで、本当はまずい状況なのに、危機感が薄れてしまう面もあるのでしょう。

発破をかけられ、ようやくお尻に火がついて、みんな必死に知恵を絞りました。

そして話し合いのすえ、物販を始めることになったのです。
店が工事中でも、おすすめの調味料や生活用品を販売することならできる。
パソコンが得意なメンバーは、インターネットで販売するＷＥＢチームに。
他のメンバーは、対面で販売する営業チームに分かれ、動きはじめました。

実はこれが、今「御食事ゆにわ」から歩いて一分のところにあるグッズショップ「ゆにわマート」の始まりでした。

でも、当時は売る場所もないし、商品カタログもない。しかも、営業なんて誰一人やったこともない。何から始めていいのやら、手探り状態でした。

とにかくできることからやるしかない！

私たちが取った行動は、近所の家に飛び込み営業する、という苦肉の策でした。

想像してみてください。

二〇歳くらいの女の子が、カゴに調味料をつめてピンポ～ンって来るんです。

「すみません、お塩いりませんか？」って。

まるで、リアルな「マッチ売りの少女」です。

名刺もないし、スーツも着ていない。

しかもすすめてくるのは、スーパーに並ぶ調味料より何倍も値のはる無添加調味料。

もう、怪しすぎます。いったい、誰が買うんでしょうか。

でも、その当時は本気だったんです。とにかく必死で、体当たりの日々でした。

結局、買ってくれるのは知り合いだけ。

仕入れ代がかさみ、卵かけごはんだけでしのぐ日が続くこともありました。

その代わり、全力で駆け抜ける毎日は、心底楽しくて、クタクタになった体にかきこむごはんは、これ以上ないほど、美味しかったんです。


傍から見たらクレイジーな生き方をしていたと思います。

そんな脱線した生き方を見て、まわりの大人たちの反応は冷ややかでした。


「絶対失敗する。悪いこと言わないから、考え直せ！」

「いったん社会に出て、経験を積んだ方がいい」

「もっと若いうちに遊んでおいた方がいいって！」


私たちの将来を案じてのお言葉だということは、わかっていました。

けれど、素直に聞き入れることはできなかったのです。

むしろ、聞けば聞くほどに、とめどない疑問が湧いてきました。

じゃあ、どれだけ経験を積んだら挑戦していいの？

そもそも、一〇〇％安全な挑戦ってあるの？

歳をとったら、本当に遊べなくなるの？


そういった疑問を投げかけたときに、思わず心を動かされるような、納得のいく答えはひとつも返ってこなかったのです。


せっかく授かった一度きりの命ですから。

私は、遠回りしたくありませんでした。

挑戦せずに、後悔するのも嫌でした。

ありきたりな人生には目もくれず、北極老人のような生き方を、一直線に目指したかったのです。


世の中には、早く定時にならないかな、週末が待ち遠しいな、そんな分離した生き方が溢れています。

けれど、これまで出会ってきた数多くの人の中で、誰よりも幸せそうに見えた北極老人は、仕事も、遊びも、人生すべてにおいて、境目がありませんでした。

中心に、大きな人生の目的があって。

仕事も、日常も、遊びすらも、その一本の大道《だいどう》につながっている。

それを北極老人は、「業遊一致《ぎょうゆういっち》の人生」と教えてくださいました。


業遊一致とは、仕事で遊ぶということです。

仕事で遊ぶ、とは？


仕事を、愛すること。

仕事を、深めること。

仕事で、悟ること。

仕事で、奉仕すること。

仕事で、喜んでもらうこと。

仕事に、流されないこと。

仕事に、歓《よろこ》びを見出すこと。
人生を通じた遊びに、終わりはないのです。

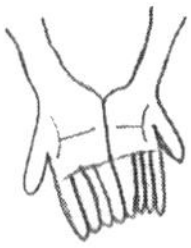

お金に縛られない

生きているだけで、幸せ。

その先にある至上の幸福は、「いつ死んでも、幸せ」です。

「これがないと幸せになれない」という執着が多ければ多いほど、幸せは遠く離れて、手の届かないものになってしまいます。だから私たちは常日頃から、離欲すること（ヴァイラーギャ）の大切さを教わってきました。


お金から離欲するとは、お金がなくても幸せだと気付くこと。

そして、いくらお金があっても、惑わされないこと。


人は、美味しいごはんと、あったかいお味噌汁があって、安心して眠れる場所があれば、それだけで十分。あとは、誰かがくれる言葉も愛も、タダだから。それ以外のものは、オプションに過ぎない。そう思えれば、コワイモノ（恐怖、心配、気苦労、孤独）なんてものは、ほとんどなくなります。

でも、若いうちから幸せで、欲もなくて、満たされすぎると、今度は現実を切り開く力に乏しくなるのも、また事実でしょう。

絶対に何かを成し遂げようという気迫や根性、執念にも似た熱さのようなものは、満たされない環境の方が、育つように思います。

だから当時の私たちには、大コケする前に、現実の厳しさを教え導いてくれる存在が必要でした。

そんな折、まさにその役割を買って出てくれたかのような、一人の男性に出会いました。その男性は、商品を仕入れたときに、説明に来られた営業担当のAさんでした。

Aさんは、商品の説明だけでなく、当時の私たちに、これからどうやって事業を展開していけばいいのか、いろいろなアドバイスをくださいました。

お話を伺ってみると、実はその方、これまで何百社の経営アドバイスをされてきたという敏腕の経営コンサルタントだったのです。あとで聞いた話では、一時間の顧問料が数十万円なのだとか。

そしてこの方こそ、私の初の著書『いのちのごはん』を出版に導いてくださった立役者で、映画『美味しいごはん』のゼネラルマネージャーであり、今は北極老人の弟子として縦横無尽に活躍されている小田真嘉《まさよし》さんとのご縁をつないでくださった方なのです。

私たちは飲食店を始めるにあたって、たくさんの方にアドバイスをいただきました。けれど、大げさではなく、そのうち九九パーセントは「絶対に失敗するから、やめておけ」というご意見でした。でも、私たちはなんと言われようと、やめるつもりはありませんでした。失敗してもまた全員でやり直す、くらいの気概でやっていましたから。

しかし、Aさんは、どうすれば私たちの無謀な挑戦が、ちゃんと利益を生み出す事業として成立するか、という目線でアドバイスをくださった、初めての方でした。

そんなAさんがおっしゃるには、「たとえ給料がゼロだったとしても、絶対に、ここで働きたい」と全社員が思っている会社があれば、必ず成功すると。

でも、それはあくまで理想論だからと、Aさんはこう付け加えました。

「お前ら、絶対にスタッフの取り分（それぞれの給料）だけはルール化しておけ。さもないと、あとで絶対にもめごとになるぞ。みんな事業を始めたばかりで、金がないうちは、夢を語って、力を合わせるもんなんだ。けどな、実はいちばん恐いのは、儲《もう》かってからだからな」と。

その言葉に、スタッフの一人、羽賀ヒカルが噛《か》み付きました。彼は私たちメンバーの中で、いつも切り込み隊長。これまでも修羅場があればいちばんに口火を切って、道を切り開いてきたのは彼でした。

でも、今回ばかりは相手が悪い。なにせ相手は群雄割拠《ぐんゆうかつきょ》の経営コンサルタントの世界で百戦錬磨の強者《つわもの》なのですから。

「口ではなんとでも言えるからな。お前が言うようなセリフは、さんざん聞いてきた」

「いえ、僕たちは違いますよ！　先生からもらった志を、死ぬまで貫くって誓ったんですから！」

「だったら契約書でも交わしたのか？　人間なんて、環境が変われば、簡単に気持ちが変わるもんだ」

「もともと、儲けのことなんて考えていません。世の中を変えるためにやっているんです！　この〝ゆにわ〟という店が雛形《ひながた》になって、いつか世界中の常識を塗り替えるんです！」

「志だけじゃメシは食えないぜ。まぁ、社会経験もなくて、師匠から金を出してもらって事業を始めようってんだから、まだ現実の厳しさを知らねぇのも、ムリはないか。あと何年、その勢いがもつかな」

「ずっと、死ぬまで消えませんよ！」

互いに一歩も譲りません。

口論はさらにヒートアップ。

次第に、今にも取っ組み合いになろうかという一触即発の空気になっていきました。

あまりの迫力に他の誰も口をはさめない。

睨《にら》み合う二人の間には、バチバチと火花が散っていました。


ちょうどそのとき、遅れてきた私の兄が、部屋に入ってきたのです。

「どうも、はじめまして。村田といいます。ちこの兄です」

自己紹介をしながら、慣れない手つきで名刺を渡す兄。なんとなく、その場のただならぬ雰囲気を感じたのでしょう。完全に目は泳いでいました。

するとAさんは、自信ありげな笑みを浮かべて、すかさず言ったのです。

「おぅ、いいところに帰ってきた。まぁ、そこに座りな」

「あ、はい……」

ちょうど空いていたAさんの正面の席に腰掛ける兄。

「君がちこちゃんのお兄さんか。ひとつ聞いていいか？」

「あ、はい」

わけもわからない兄は、あっけらかんとした表情。

「おれは今まで、若手の起業家のコンサルをして、何十社も成功させてきた。中には、数年で上場企業にまで成長したところもあれば、三か月で売上が五倍、一〇倍なんてザラにある。月収一〇〇〇万以上を超えたヤツも、たくさんいる。だからな、儲かる店を作るのは、簡単ってことだ。そこで、ひとつ聞きたいことがある」

Aさんは、大きな体をグッと前に起こし、兄に迫りました。

遠目で見ている私でも感じるくらい、すごい圧迫感。冷や汗が頬をつたいました。

「いいか？　もしもの話だぞ。もし、この事業が大成功して、お前がいくらでも稼げるようになったとしよう。さぁ！　そのとき、いくらほしい？　いくらでも言ってい い。理想の月収を言ってみな」

Aさんは、この質問で私たちを丸裸にしようとしたのです。

なんだかんだ言って、私たちにも、お金への執着があるということを、浮き彫りにしようとしたのです。

でも、これまでの経緯を知らない兄は、そんなことはつゆ知らず。

勘ぐる様子もなく、真剣かつ大真面目に、その問いの答えを考えはじめたのです。

みんな、固唾《かたず》を呑んで見守りました。なんて答えるんだろう……。

月収一〇〇万とか、欲をかいたことを言い出したらどうしよう……、それこそ、Aさんの思う壺《つぼ》だ。

まわりの心配をよそに、兄はときおり指を折って何かを計算しているような仕草を見せながら、悠長に考えこんでいます。

あの指って、何を数えているんだろう？　私はますます心配になりました。

一分くらい経ったでしょうか。さすがにAさんも痺《しび》れを切らし、再び問いました。

「おい、ちょっと長ぇぞ。もったいぶらずに、言ってみろ！」

発破をかけるAさん。兄は顔をあげました。

「さぁ！　いくらだ？」

まるでクイズの決勝戦のような緊迫感。

全員が注目する中、兄は高らかに答えたのです。

「一三万円！」

……。

しばらく、時が止まりました。

え？　理想の月収だよね？　それが一三万円って、どうゆうこと？

ちょっとがんばったら、アルバイトでも稼げるよね……？

全員の頭のうえに、？マークが見えました。

私も、耳を疑いました。わが兄ながら、この人、何を言っているんだろう、と。

兄だけが大真面目。他のみんなは、だんだん笑いがこみ上げてきて、こらえるのに必死です。

「ぷ、ぷぷ……。ぶはっ！　はっはっはっ‼　あっ、すいません！」

ついに、仲間の一人が吹き出しました。

するとつられて、みんな大爆笑。

「一三万円って、大卒の初任給より安いやん！」

「どういう計算で一三万なんか、意味わからん！」

みんな関西人ですから、口々にツッコミを入れ、緊張は一気にとけたのです。Aさんだけは気抜けしたような表情で、苦笑い。イスの背もたれに身を預け、こうおっしゃったのです。

「ハァ……ここが、普通じゃねぇってことは、よくわかったよ。お前らの親分は、類《たぐい》まれな人だな」

その日から、Aさんは私たちの味方になってくださいました。そして、御食事ゆにわを、どのようにブランディングしていけばいいか、たくさんアドバイスをくださったのです。

それにしても、兄の突拍子もない一言が、まさかのカウンターパンチになるなんて。お金より大事なものを見つけている人は、よほど珍しいのかもしれません。

たとえば大富豪でも、無一文になることを心の奥で恐れている人と、無一文になっても怖くない、ゼロからやる自信がある人がいます。

前者は、いくら富を蓄えようと、本当の〝豊かさ〟には程遠く、お金はあるのに、お金に縛られた生き方になる。

後者は、最悪な状態への覚悟が備わっているから、何も怖いものがない。たとえ無一文になっても残るものがあると知っているから。


当時の私たちには、まだ何もなかった。

何にもないけど、すべてがあった。


好きとか、嫌いとか、損するとか、得するとか、性格が合うとか、合わないとか、そういった諸々《もろもろ》の事情を超えて、共に生き、共に死ねる〝同志〟がいました。

転んだら、また皆で出直そう。

成功するまでやめなかったら、失敗はない、というそんなノリ。

だから、崖っぷちの毎日すら幸せで、怖いもの知らずでした。

おふくろの味を超える

御食事ゆにわオープンのおよそ二か月前。

北極老人のご自宅を開放しての料理教室が始まりました。

ご自宅は、まず入ったときの空気感がすごいのです。

生活感がないというか、俗気がない。目をつぶると、どこかの神社にでも来たのかと錯覚するほど、空気が神聖で、清々しい。

なんとなく、ウソがつけない空間なのです。


北極老人は、日常の全動作がまるで天に捧げているように美しくて、その祈りが空間に染み込んでいるようでした。


自分が素直なときは、空間がやさしく出迎えてくれて、どこよりも安らげる。

でも、うしろめたい気持ちのときは、空間から弾かれているような気持ちになる。

そして、そういうときは決まって美味しい料理が作れないのです。
心がそのまま味に出てしまう、やっぱりウソがつけない場所でした。

私はその料理教室が始まるまでにも、北極老人のご自宅には何度かお邪魔して、ごはんをいただいたことがありました。

何を隠そう、この食卓こそが、「御食事ゆにわ」の原型なのです。

そこに並ぶ料理が、いつも本当に美味しくて。

こんなに美味しいものが世の中にあったの⁉　って、毎回驚いてしまうほどでした。

とは言っても、高級食材を使うわけでも、特別な調理法を駆使するわけでもなく、いただく料理はどれも素朴でシンプル。決して奇をてらわない、食材を生かした料理なのです。

トマトをざっくり厚切りにして、塩とオリーブオイルをかけただけとか。

茹でたてのパスタに、上質の藁《わら》納豆と、手作りのひじき煮を和《あ》えて完成、とか。

鯵《あじ》の一夜干しを、とにかく丁寧に焼いた一品とか。

あとは、炊きたてのごはん。そして、お味噌汁。

どの皿も、誰でも食べたことがある、どこにでもある家庭料理。

なのに、誰も食べたことがないくらい、どこにもないくらい感動的に美味しい。

普通の料理との違いは、どこにあるのだろう？

その秘密の一端を、この料理教室で教わることになったのです。

北極老人、奥様、料理を教わるスタッフに加えて、試食のために知人を数名呼んだりして、だいたいいつも七～八名分くらいの料理を作りました。たったそれだけの量を作るだけなのに、内心、いつもびくびくしていました。練習とはいえ、実際に自分が作ったものを、人様に食べていただくのですから。

本来、食事には「練習」も「本番」もありません。

食べたものはすべて、その人の心と体を作るので、そう考えると責任は重大なのです。

とはいえ、その〝びくびく〟を抱えたまま調理したら、まるで「不安」を相手に食べさせているようなものですから、いざ厨房に立ったら、気持ちを切り替えないといけません。

「只今より、私、ちこは、料理を作らせていただきます。

どうぞご許可願います」

これは北極老人から教わった、自分を高める合言葉。神様に成り代わったような気持ちで、自分で自分に許可を出し、儀式のようにスタートしていました。

さて、料理教室といえば、お料理番組のようにレシピがあって、食材が準備されていて、あとは調理の過程がひとつずつ解説されていく、といったものをイメージされる方が多いと思います。

けれど、ここでの掟《おきて》は違いました。

まず、北極老人がいつも通り調理されるのを、ただただ間近で見る。

そして、五感を研ぎ澄ませて〝感覚を盗む〟のです。

口頭での説明は、ほどんどありません。レシピもない。

北極老人からは、このように教わりました。

「〝また次がある〟と、思っているうちは、目の前のものから、何も大事なことは学べないよ。たまたま手に入った食材も、出会う人たちも、刻一刻と、その姿は移り変わる。〝もう二度と、次はない〟という覚悟をもって見なければ、せいぜい、知識を学んで終わりになる。知識やノウハウは、ひとつ覚えても、ひとつの局面でしか、役立たない。しかし、〝感覚〟を会得すれば、ひとつ、悟るだけで、一〇〇万通り以上、無限に応用がきく」と。

まばたきも忘れるくらい、必死で北極老人の姿を目に焼き付けました。

野菜を見つめながら、いったい何を考えているんだろう?
味噌汁をゆっくり混ぜながら、どんな思いでいるのだろう?
どうしてこのタイミングで、鍋に水を加えたんだろう?

そんな疑問が、一分間に一〇も二〇も、頭に浮かんでは消え、浮かんでは消え。雲のように微《かす》かな北極老人の感覚を、必死でつかもうとしていました。

ひととおり調理が終わると、円卓にはごちそうがたくさん並びます。

その場に集まったみんなで、いただく。そして、味を覚える。

どの料理も、本当に美味しくて美味しくて。

あたたかい仲間と、いつも他愛ない話で笑い合い、心の底から幸せな時間でした。

もう何もいらない。そんな気分に満たされるのです。


でも、修行の身ですから。食べ終えたら、そこからが本番。

今度は自分が、まったく同じメニューを、一から作るのです。


その際に教わったコツは、〝自分〟を差し挟まないことでした。


「人間っぽい創作意欲は捨てて、ごく当たり前の料理を、素直に、丁寧に、手間を惜しまず、感謝して、作ればいい。ただし、完璧を求め続けること。

普通の延長線上に、究極を見出しなさい。

修業中は、あえて自分を殺して、ちゃんとした見本をたくさんコピーするしかない。

感動的なごはん。味噌汁。漬け物。惣菜を原点にしなさい。

絶対に油断、妥協、手抜きせず、そこは素直に、日本一を目指しなさい」

私は、まるで透明な北極老人がそこにいるみたいに、動き、呼吸、空気を思い起こしながら、ただただ無心で調理しました。

その頃の私たちなんて、素人そのものでしたから、自分にとっての〝美味しい〟を基準に作ったとたん、ただの素人料理に成り下がってしまうのです。


人それぞれの、〝美味しい〟の基準は、〝記憶〟によって作られます。

たいてい、慣れ親しんだ「おふくろの味」がいちばん美味しいと感じるようになっているのです。誰しもが、母なる愛を求めているからです。

けれど、私が教わったのは、その先にある世界でした。

家庭を超えて、故郷を超えて、国境を超えて、記憶を超えて、思想を超えて、時空を超えて、すべての人が母なる愛を感じるような、人類共通の「おふくろの味」です。

それを食べるだけで一瞬にして、今まで思っていた「美味しい」の概念が変わり、今まで信じていた「常識」が塗り替わり、今まで囚われていた「固定観念」から自由になれる。

まるで魂の記憶がよみがえるように、全人類とのつながり、自然とのつながり、神々とのつながりを思い出す。

それが誰もが食べたことのある料理を、誰も食べたことのないくらい、美味しく作ることの本当の意味であり、ゆにわが目指す〝究極の愛情料理〟なのです。

信じられない采配

私は、いつもニコニコしているイメージがあるようです。
だから、怒っている姿を初めて見た人は、そのギャップに驚かれたりします。
でも、怒るときは怒ります。
感情的になってプンプン怒るというより、怒りの感情を道具として使います。

ゆにわのスタッフが、妥協したり、手を抜いたり、誰かを傷つけたり、食材をムダにしたり、不義理なことをしたりしたら、容赦はしません。
それにも理由があり、指摘され、怒られて、頭を打って……なおも立とうとするとき、使命感や、愛の深さが、試されると思うからです。

いえ、〝試される〟というより、本物の愛も、使命感も、のるかそるかの瀬戸際でしか目覚めない。そういうものなのではないでしょうか。

だから、甘やかすことは、人を衰退させる、残酷な行為なのかもしれません。

そう思うようになったのは、私自身が、幾度も試練を与えてもらい、それらを越える中で、志をより太く、大きく育ててもらえたからです。

御食事ゆにわがオープンしてから三か月間は、もう満身創痍《まんしんそうい》でした。

慣れていないし、手が遅くて、いつまでも仕事が終わらない。

毎日、仕込みは夜中までかかりました。そして、早朝から営業準備。

平均睡眠時間は三時間以下だったと思います。

しかも、厨房の環境も整っていなかったので、床はむき出しのコンクリート。

足の負担が大きくて、本当に曲げられない状態になりました。

「足が棒になるって、このことか」と思うぐらい。足も冷えていたのでしょう。

私は人一倍体力がなくて、体は限界に近づいていていました。

私の著書『いのちのごはん』では、「道とは何か。それは、がんばらないことだ」という、北極老人からいただいた言葉を載せています。

人生で大事なこと。それがわかっている人は、めったに頑張らないが、たまぁに頑張らないといけないときがある。それは、

・人生で大事なものを守るとき

・人生のゲームを楽しむとき

・神がかるとき

私にとってあのときは、がんばらないといけないときだったのです。

あれこれ言っていられない。ただただ必死にやるしかない。

そう自分に言い聞かせていました。

でも、体は疲れに正直で、疲れていても心をフラットに保てるほど、まだ強くはなかったのです。油断すると、気持ちが「素」に戻っていることがありました。

「先生のためにって始めたけど、迷惑をかけて、怒られてばかり……」

「こんなことで、やってる意味あるのかな……」

「私なんていない方がいいのかも……」


徐々に、徐々に、ネガティブな気持ちに侵食されて、太刀打ちできなくなりました。料理をしていても、掃除をしていても、明るい気持ちになれない。


「こんな気持ちで食材に触れたら失礼だ」

「これじゃあ、ゆにわの料理にならない」


そう思えば思うほど自分を責めてしまい、また堕《お》ちるという無限ループ。

ネガティブじゃなかったのは、お客さんとしゃべっているときだけでした。伝えよう、と必死だったからでしょうか。その間だけは、自分のことを考えなくてすんだのです。

ところが、接客を離れたとたん、また自分のことを考えてしまうのです。漏電《ろうでん》しているみたいに、何もしていないはずなのに、すごくエネルギーを浪費して、体も心も疲れに拍車がかかりました。

そんな崖っぷちに立っていた、ある日のこと――。

その日も、翌日の仕込みが終わったのが夜中の二時頃。

そこから片付けをして、フラフラになりながら夜中の三時に解散しました。

家に帰って、気絶するように布団に倒れ込みました。

眠りにつくやいなや、けたたましく鳴り響くケータイの音が。

「う、うぅぅ……、なんだろ……」

まだ窓の外は真っ暗。時計の針は、夜中の三時半を回った頃でした。

電話の先でスタッフが、「今すぐゆにわ！」と叫んでいます。

なにやら、ただごとじゃない雰囲気です。その一言で、きっと先生から何か注意されたに違いないと悟り、寝起きのまますぐにゆにわに行きました。

到着すると、他のスタッフもすでに集合していました。

どうやら、北極老人はすでにその場を去られていたようでしたが、厨房に白い雑巾がおいてあります。その雑巾には、くっきりと手の平の形に、黒い拭き跡が。

そして「汚い。やり直し」というメモが貼ってありました。

厨房の壁を北極老人が拭いて、雑巾が真っ黒になっていたのです。

自分たちとしては、調理器具も片付けて、掃除を終えたつもりになって帰宅していました。一見、掃除されている風なんですが、壁や面台のステンレスがくすんでいることに気付けなかったのです。

当時、私たちが再三にわたって怒られていたのが、掃除の甘さでした。

一〇回指摘を受けたら、うち九回は掃除のことで怒られていたくらい。

片付けがヘタだったし、キレイの基準がまだまだ低かったんです。

厨房内をよく見ると、他にもあちこちに「やり直し」の紙が貼られていました。

「ほとんど寝てないのに、今からこれ全部、掃除するの……？」

「今日も一日、営業があるのに……」


ネガティブな思考を振り払うように、私たちは無言で厨房を掃除しました。

ただ無我夢中に、「やり直し」のメモがすべてなくなるまで。


ステンレス、鍋、やかん、ガラス――。

磨けば光るものは、常にピカピカにして輝かせるようにと教わっていました。

けれど感覚が鈍くなっていると、目の前のものをちゃんと見ているようで、見えなくなることがあります。

曇っていることに気がつかないとき、目も曇っているのです。

その目で食材を見つめても、そのひかりは引き出せない。

その目で誰かを見つめても、決して愛が伝わることはない。

いつも厨房のステンレスをピカピカにしておくことが、ゆにわの本質につながっていました。だから、一にも二にも、まず掃除なのです。

ひととおり終えると、もう朝の五時。

気がつくと、外は嵐でした。

やっと終わった……。

でも、ほんとは終わりじゃない。また一日はこれから始まるのです。

無情に響く雨音が、ざわついた心をいっそう波立たせ、現実を直視すると、意識がプツンと遠い世界へ行ってしまいそうでした。

するとそこに、北極老人が戻ってこられたのです。一同に緊張が走りました。

「先生、すいませんでした！」

仲間の一人が、言いました。

北極老人はそのまま厨房へ。掃除のチェックをされているようでした。

そして、立ち尽くす私たちに、こうおっしゃったのです。

「まだ美しい、とは言いがたいが、ようやくもとに戻ったかな。これを（ゆにわの）最低ラインにしないとね……。それで今日は営業できるの？」

その問いかけを聞いて、誰も即答できなかったのです。

もう体力も限界。私の心の中は、言い訳に占拠されていました。

「こんな毎日、続けられない」

「やっぱり、私たちには早かったのかな」

一度考え始めると、そんな言葉がエンドレスに回りはじめて、止まらない。

どうしよう……。

すると北極老人は、その心の声を聞いているかのように、皆に言いました。

「中途半端なことをやるくらいなら、やらない方がマシだ。高い志のない店をやるくらいなら、今日で、店は畳みなさい」

冗談でも、脅しでもない。北極老人は本気でした。

でも、疲労困憊《こんぱい》で、気力も尽き果てそうな皆は、朦朧《もうろう》とした意識の中で、ただその言葉を受けとめることしかできませんでした。

誰も言葉を返さず、一時の沈黙――。

私の正直な心の声は「先生からこんな問いかけが来てるんやから、誰か答えてよ！」でした。

その頃のメンバーは、みんな私より年上でした。

しかもみんな男でしたから、お兄ちゃんのように思っていたし、当時は役職もなくて、自分は下っ端の感覚だったのです。ある意味、それまでの私は、上の人たちの後ろに隠れていたのです。自分が発言しなくても、誰かが引っ張っていってくれるって思っていたフシがありました。

もし失敗しても、どこかで先輩のせいにできるって、保険をかけていたのかもしれません。

でも今、みんな限界で、口をつぐんでしまっている。

私たちの無言の返答に対して、北極老人は席を立ち、静かにおっしゃったのです。

「それが君たちの答え、ということでいいんだね?」

その一言に、さっと血の気が引きました。

もし、ここで黙ったままだったら、

もし、ここで言い訳したら……

今日で、ゆにわが、終わる——!

心臓が飛び出しそうな衝動とともに、とっさに、言葉を発しました。

「やります!」

言葉というより、絶叫――。

涙が溢れて、全身の力も抜けて、私はヘナヘナと、その場に崩れ落ちました。

「ゆにわがなくなるなんて嫌だ。私は一人でもやる。絶対にやる！

ゆにわを守りたい……」

大泣きしながら訴える姿は、狂気の沙汰だったでしょう。

少し間をおいて、北極老人が静かに問いかけました。

「他の皆、どうするんだ？」

他のみんなもつられて答えました。

「先生、やらせてください！」

「絶対に、ゆにわを守りますから！」

そうして気持ちを高め合い、結局なんとか、その場は収まったのです。
みんな夜中に起き抜けのまま出てきていたので、それから、いったん家に帰って身支度をすることになりました。

「営業準備があるから、みんな一時間後に集合ね」

そう言い合って、それぞれ店を出ました。

それから三日間、私は、ゆにわから消えたのです——。

逃げたんです。
先陣を切って、「やります!」と言ったくせに。
傘もささずに、ザーザー降りの雨に打たれて、行く当てもなく彷徨《さまよ》い続けました。
本音では、やりたいんです。守りたいんです。

でも、いつも負けそうになる自分がいました。

こんな自分じゃダメだ。先生に申し訳ない。
でも、自分で自分をもち上げる自信もない。

どうしたらいいいか、わからない……。

闇の中を、どれだけ歩いたでしょうか。
びしょびしょになって、泣きながら知人のおばさんの家のドアを叩きました。

「あんた、どうしたん⁉」

私は何も答えられず、ただただ泣きじゃくるばかり。
そんな様子を見て察してくれたのでしょう、事情も聞かずに彼女は迎えいれてくれました。

あたたかいお風呂に入れてもらって、私はただ風呂場の天井を見つめ、呆然としていました。それから泥のように眠り、まるまる一日、ずっと夢の中にいました。

そして翌日。

まぶしい日差しに目を覚まし、現実感のない朝を迎えたのです。

みんな、探してるかな……?

今頃、ゆにわは、どうなっているだろう……。

そう考えるほど、戻るのが怖くなりました。

まだ現実と向き合う勇気がなくて、考えていたのは、今後の人生のこと。

もし、私が「ゆにわ」のない人生を、送るとしたら。

あらゆるパターンを想像をしてみました。ああなったら、こうなったら。

でも、想像すればするほど、そこにはなんの輝きも見出せないのです。

北極老人の側で、学ばせてもらった数年間。

見たことのない景色を、何度も見せていただきました。

それまで自分のやりたいことをやっても、楽しいことをしても、どこか虚しかった心が、ひかりで満たされていったのです。

その日々の中にいつもあったのは、美味しいごはん。

料理を作るときも、それを食べるときも、その場に流れる空気が心地よくて、この時間が永遠に続くようにと、願わずにはいられないほど、幸せでした。

ずっと求めてきた大切なものが、目の前にあることは知っている。

それなのに、ただ目の前の試練から逃げて、ここを去るなんて考えられない。

ここで逃げたら、私の人生は終わりだ――。

帰るしかないと、決意しました。

私は、かくまってくれたおばさんにお礼を言い、家路に着いたのです。

びくびくしながら家に帰ると、そこに兄が待ち構えていました。

「お前！　みんなどれだけ心配したと思ってんねん！」

大声で怒鳴られ、とっ捕まえられました。

私はまた泣いて、まともな言葉も返せず。

兄はそのまま、先生のところへフラフラな私を連れていったのです。

先生の前に行っても、涙は出るけど、言葉は出てこない。

黙りこくっている私に、先生はこう聞かれました。

「もう、やりたくないのか？」

そのとき私は、「うん」ってうなずいたんです。

ね、困ったヤツでしょ？（笑）

普通ならそこで、「先生、もう一度チャンスをください！」とか、素直に言うじゃないですか。でも、なぜかわかりません、そのときは言えなかったのです。

すると間髪を容《い》れず、先生の大きな手が飛んできて――

バシンッッ！

思いっきりビンタされました。
そして次の瞬間、ガッと肩を抱いてくれて……。

気がつくと、私は、あたたかい抱擁《ほうよう》の中にいました。
生まれたての赤子のように、息ができないほど、泣いて、泣いて、泣いて。

でもこの涙は、それまでの涙とは違いました。ビンタで頭が真っ白になった一瞬のうちに、私の心を占拠していた〝自分ではない何か〟が、どこかにいってしまったのです。ゆにわにいるのが辛く感じはじめたときから、ずっと〝そいつ〟が私の心に取り憑《つ》いていて、本当の声が出せないようになっていたのだと、気がつきました。

あれは私であって、私じゃなかった。遠い遠い迷子から、やっと戻ってこれた。そんな安心感が、あたたかく包みました。

北極老人の一撃は、私の肉体ではなくて、心に巣食う〝そいつ〟を、吹っ飛ばしてくれたのです。

そして、「抱えるな。何でも言え」と言われました。

この一言だけで、やっぱり先生は、私のことを本当によくわかってくれているんだと、また深く実感しました。そして、私の心に居座っていた〝そいつ〟の正体が、なんとなくわかった気がしたのです。

その正体とは、
遠慮してしまいこんだ苛立ち、
言葉にできなかった寂しさ、
ぶつかることを避けて飲み込んだ怒り、
一人で抱え込んだ不甲斐なさ……、
私がため込んだ〝思い〟が日をまたぐたびに肥大して作り上げた、もう一人の〝私〟でした。

それから、私がいない間にフォローしてくれていた他のスタッフに謝りに行くように言われました。一人で行きづらい、と尻込みしていたら、社長がついてきてくれました。

みんなに「すみませんでした」と頭を下げました。

私がいない間、きっとむちゃくちゃ大変だったはずですが、ただただ帰ってきた私を受け入れてくれました。

その翌日、先生から信じられない言葉をいただいたのです。

「ゆにわの店長になりなさい」と。

もう、この言葉には驚愕《きょうがく》でした。そして、思ったのです。

「先生は、やっぱり天才だ」って。

なぜなら、先ほども申した通り、それまでの私は年上の仲間に依存していたし、遠慮もしていたし、そんなつもりはなくても、都合が悪くなったらその背中に隠れていた。

その関係性に甘えて、本音で生きることからも、逃げていたのです。

でも、そんな私が店長だなんて。

もう、逃げ場がなくなる。責任も、自分で取るしかない。

もはや、覚悟を決めるしかないのです。

まともに考えたら、つい先日、お店をほっぽらかして姿を消して、さんざん迷惑をかけた私を、店長に任命するなんて。あり得ない采配でしょう。

でも、あり得ないからこそ、覚悟を決めるしかなかった。そして、この人を裏切ってはいけないという気持ちを、しかと感じました。

きっと、こんな状況でもなければ、また私は逃げていたかもしれません。

だから本当に、この先生の采配の妙は、すごすぎると思いました。

生涯、私はこの道にお仕えします。

神様に誓いました。


そして驚いたのは、「店長」という役割をいただいたことで、自分のことを以前より上手に扱えるようになったことでした。

それまでは、自分のトリセツがわからなかったのです。考えることと感情がバラバラで、どう振る舞えばいいのか、ことあるごとに迷っていました。

けれど、「ゆにわの店長としてふさわしい生き様、行動、振る舞い」を考えるようになると、自分を客観視できるようになりました。

自分でも思わぬ発見でしたが、きっと先生はそうなることも気付いておられたのでしょう。

がんばらなくても、自然体のまま、他力を借りて全力で生きられるようになっていきました。

太陽のような笑顔で生きる

私の本は、どれも帯や表紙に笑顔の私が載っています。

はじめから意図したわけではないのですが「あの笑顔が印象的で本屋さんでつい、手が伸びました」とおっしゃってくださる方が、ありがたいことにたくさんいらっしゃるのです。

けれど私にも、かつて人生に絶望し、まったく笑えなかった時期がありました。

何もおもしろくない。心はすべてシャットアウトし、殻に閉じこもっていました。

一七～一八歳くらいの頃です。

それから、塾長先生の塩おむすびで息を吹き返し、泣いて、笑ってを繰り返し、本当の笑顔が板につくまで、しばらく時間を要しました。

私が店長になったとき、「店長として、心がけることはありますか?」と、先生に聞いたことがありました。すると、先生はこう答えられました。

「どんなに調子が悪くても、必ず私の前に現れるように。ずっと心から笑っていられるような、日々を送りなさい」と。


これも、すごく自分を支えてくれた言葉のひとつです。

調子が悪かったり、何かうしろめたい気持ちがあると、先生に顔を合わせにくくなったりするのです。自分のマイナスの部分を見られたくないな、などと思って。でもそれって、完全に自意識でしかないんですよね。

だから、そんなときこそ会いに行くんです。

すると、「自分ってちっぽけだったな」と、気付くことができる。そうすると、心の闇にひかりがさしたように、回復します。


思いを抱え込んでしまうとき、人は心から笑えなくなります。

口は笑っていても、目は笑っていないとか。

営業スマイルはできても、微かな表情まではごまかせないのです。

そして先生は、その表情の隙間を、決して見逃しませんでした。

作った笑顔は通用しないのです。

だから私は、ウソの笑顔を一切封印しています。


本当の笑顔を知ると、ウソの笑顔は、明らかに違和感があるのです。

本当に、笑えているだろうか？

その笑顔は、ウソじゃない？

それは、生き方がズレていないかを測るひとつの、バロメーターと言ってもいいかもしれません。

「笑顔を大事にしよう」なんていうことは、世間でも常套句《じょうとう》です。

確かに、ちょっと意識して口角を上げるだけで、人に与える印象も良くなったり、気持ちが前向きになったり、免疫力も上がったり、いいことづくめなのですが……。

でも見方を変えれば、ぎこちない笑顔を作るのは、自分にも、相手にも「正直じゃない。ウソの顔を見せている」ってことです。

その笑顔が、本物かどうかという視点も、忘れてはいけないと思うのです。

私は、ツクリモノの笑顔を繰り返したら、心も体も疲れてしまうことを、自分自身の経験の中でさんざん思い知りました。だから、もうそれは必要ないと思っています。

笑顔になることに、本来、目的なんてありません。

でも今の世の中、何かのためにムリして笑っている人が、多い気がします。

かつての私も、そうでした。

誰かに、気に入られたいから。

暗い人だと思われたくないから。

心配をかけたくないから。

もっと認めてほしいから。

そうやって振りまいた笑顔と引き換えに、何かを「得よう」としていたら、その笑顔は本物ではありません。

「笑顔でいなきゃ」と自分自身に強要していたら、いつしかそのツクリモノの笑顔でいることに慣れてしまって、それが素顔なのか、仮面なのかすら、区別がつかなくなってしまうこともあります。そして、相手の素顔も見えなくなる。

私は、誰の前でも素顔で生きていきたいと思ったから、その仮面を一度、捨てたのです。

その中で、どれだけ素直になれたか。

どれだけ執着を手放せたか。

どれだけ本気になれたか。

どれだけ自我を超えられたか。

その日その日に浮き彫りになる課題に、どう向き合うかが、自分の素顔を作るのだと知りました。

それでも毎日、何かしらトラブルはあるし、笑えない日もある。完璧な一日なんてない。

だからやっぱり最後の処方箋は、美味しいごはんを、心から感謝していただくことでした。一口一口、食べるごとにもとの笑顔に戻ることができたのです。

それと同時に、心のゴミが消えていったり、許せなかったことが、ふと許せたり、自分に正直になれたりするのを、感じました。

ゆにわにお越しになるお客様からは
「食べていたら、自然と笑顔になってきました」
「母があんな顔で笑うなんて、今まで一緒にいて、知りませんでした」

そんなお声をいただくことが、よくあります。

私も料理をお作りしながらそのお顔を見せていただいていますが、心からの笑顔は、本当に美しいんですよね。

私は料理を通して本当の笑顔を、広げていきたいと思います。

北極老人いわく。

「日をまたぐたびに、〝思い〟は〝重い〟に変わるんだ。

その気になれば、その日に消化できることを、一日延ばすたびに、運気が下がる。

運気とは太陽の神様からの恵みだからね。

日をまたぐというのは、即ち、太陽の神様をまたぐということだ。

これ以上の無礼はないだろう?

日(=太陽)をまたぐべからず。

日々、思いを完結させなさい。

日々、成仏して生きなさい。

それが、太陽のような笑顔になる、いちばんの秘訣さ」

本当の「わたし」

私は、すでに人生の半分を北極老人や、その仲間たちと過ごしてきました。

今現在のゆにわという店も、料理人ちこも、数えきれない人に支えていただいて、みんなで作ってきたものです。

だからでしょう、「私は私。あの人は、あの人」という感覚は、日に日に薄らいでいったように思います。

「私の中に、みんながいて。みんなの中に、ほんのちょっと私がいる」

いつもそんな気持ちなのです。

実は「私」という漢字は、日本人を劣化させるため、作為的に作られたものだそうです。

「私」に使われる「のぎへん（禾）」は、垂れ下がる稲穂の形から生まれました。

これは収穫して得た自分の利益を意味します。

その右側に「ム」と書きますが、この音は「ム→無→虚無」を、この形は「囲い込む」というイメージを無意識に連想させるのです。

つまり「私」の字は、「自分とは、虚しくて、からっぽの存在だから、それを埋め合わせるように、自分の利益ばかり追い求め、独占する姿」なのです。

実際に、そういう生き方をする人が、増えてしまってはいないでしょうか?

かつての日本人は、「わたし」のことを「和多志《わたし》」と書いたそうです。

ごま和《あ》え、白和《しらあ》え、酢味噌和え。日本料理には「和《あ》える」という素晴らしい調理法があります。「和」とは、本来バラバラなものが、お互いの魅力を引き出し合いながらひとつに融合して、より美しく、より美味しくなることを指します。

人はそれぞれの志を胸に生きている。それら多くの人々の志を集めて、ひとつに和えられたものが、本当の「わたし」。昔はそのように考えていたのでしょう。

自分のためよりも、世のため人のため。

みんなの幸せが、自分の幸せ。

自分が得たものは、みんなに渡して、より大きな幸せに変えることが、自然だったのです。

その生き様こそが、日本人の美しさであり、強さの秘密でもありました。


今、人類が七〇億人いたとすると、そこには七〇億の志があり、願いがあり、祈りがあるということです。

自分というのは、たった〝七〇億分の一〟に過ぎないということ。


小さなことで悩むとき、人は「私」という檻《おり》に囚われているのでしょう。

自分の得たものだけが、この世のすべてであるかのように、感じてしまっている。

――いえ、そう思い込まされているのです。

あぁ、この広い宇宙で、なんと自分とは、ちっぽけな存在なのだ、という自覚。

自分は七〇億の志という途方もないものを背負《しょ》って立つ存在なのだ、という覚悟。

この二つの相反《あいはん》するものを、うまく和えたとき、本当の「わたし」が見つかります。

今の日本人の暮らしを、曇りなき目で見つめてほしいのです。

なんと恵まれていることでしょうか。

ふと世界に目を向ければ、飢餓や紛争で、明日をも知れぬ毎日を、全力で生きる人が何十億人といらっしゃるのです。

今日、安心して暮らせること。

美味しいごはんを食べられること。

それが、どれほどありがたいことか。


その思いを噛み締めたら、もはや「私」という狭い世界に閉じこもってはいられなくなるでしょう。小さなことで、立ち止まってもいられないでしょう。

きっと、本当の「和多志」に目覚めることが、万人の心の内にある、魂の衝動なのだと思います。

だから、わが身を顧みず、誰かのために生きる人の姿は美しくて。みんな心底、そのような生き様に憧れるのです。

おわりに

「食で世界を変える」

そんな志を胸に、仲間とともに制作を始めた映画『美味しいごはん』が、二〇一八年の夏に、大阪と東京で初公開されました。

映画館は全席完売。ありがたいことに、全国各地から一〇〇〇名を超えるお客様が集まってくださったのです。

上映後には、食への意識が変わった、というお声もたくさんいただきました。

「ごはんは神様からの〝ひかり〟だと思って、いただこうと思った」
「今まで、なんて機械的に食べてたんだろうって、反省しました」
「料理することは、大切な人のいのちを作ることだと気付きました」

そして、初上映を終えた日の夜――。

ゆにわに戻った私たち映画制作チームは、あることを決めたのです。

「今日からすぐ、二作目を作ろう」と。

約一年半にもわたる取材期間に撮りためた映像の多くが、使いきれずに眠っていたから。

そして、まだまだ伝えなきゃいけないことがあると感じたからです。

二作目には、ゆにわの日常をありのままに、たくさん盛り込むことになりました。その意図は、ひかりのごはんを作り、食べることは〝誰にでもできる〟ということを伝えたかったからです。

「世界を変える」だなんて大きなことを言っても、この小さな飲食店から変えられることは限られています。

でも、縁あって出会った人たちと、あたたかい食卓を作ることはできる。

それは私たちに限らず、その気になれば、誰にでもできることでしょう。

ゆにわが続けてきたのは、大きな偉業を成し遂げようとすることではありません。

まず、自分の目に映る世界を変えることなのです。


店をオープンするとき、先生とスタッフたちが交わした約束がありました。

自分たちのごはん「まかない」を、何よりも大切にすることです。


店が休みの日も、食べることに休みはありませんから、私たちは家族のように毎日、ゆにわでごはんを食べてきました。

雨の日も、風の日も、嵐の日も。悲しいことがあった日も。

ケンカして「もう顔も見たくない」と思う日も。

一日の終わりには、一緒に食卓を囲むのです。


それはきっと、何でもないことのように聞こえるでしょう。

でも、本当の意味で〝美味しく〟食べることは、簡単なようで、簡単ではありません。たった一人でも心が冷たいまま食卓についていたら、どんなに豪勢な料理を並べても、美味しいと思えないから。

ごはんが美味しくないとき、総じて、そこには〃あたたかみ〃がないのです。

だから、あるときは、全員の気持ちがひとつになるまで徹底的に掃除をして。

またあるときは、問題が解決するまで話し合って。

誰かが不調なときは、お互いに叱咤激励《しったげきれい》し合って。

とにかく、上辺だけの付き合いはせず、わかり合えるまで、腹と腹でぶつかってきました。

どうしてもまかないの味が決まらなくて、店の営業をやめたこともあります。自分たちのごはんすら美味しく作れないのに、お客様にひかりを届けることはできないからです。涙をのんで、予約をお断りしたこともありました。

普通でしたら、考えられない選択でしょう。

非常識だ。そんなのプロと言えない。それはいたいほど、わかっていました。

それでも、まかないを〝最優先〟してきたのです。

そこに大いなる意味を感じながら。


ごはんは、食べると、目の前からなくなります。

毎日、作っても、作っても、また、消えてなくなります。

だから、ともすると、丁寧にごはんを作ったり、家族や仲間で食卓を囲む時間を、価値のないことのように思ってしまうことがあるかもしれません。

私も、ゆにわを始める前は、そう思っていました。


けれど、それは違いました。


あたたかみは、消えないのです。

その余韻が、今日も、明日も、明後日も、ずっと折り重なっていったとき、人は理屈ぬきに、幸せになれるのです。

誰しも、つい形あるものに心奪われます。

そのとき、目に見えない大切なつながりが失われていきます。

けれど、まかないを大切にすることで、私たちはそれを見失わずにいられました。

ずっと、先生との約束によって、守られていたのです。


思えば人生において、いちばん近くにいる人とわかり合えないことほど、悲しいことはないでしょう。

思いをため込んで、言いたいことが言えない。形だけの家族、夫婦、仲間になって、冷めた関係になっていく。

はじめは「好き」だった気持ちが、時間が過ぎるにつれて反転し、嫉妬《しっと》や憎しみに変わっていく。

挙句の果てには、奪い合い、傷つけ合い、いがみ合う。

世の中に起こる、あらゆる悲しい出来事も、ほとんどが最初は小さなすれ違いから始まります。

そして、大抵その相手は、近くにいる〝誰か〟でしょう。

歴史を振り返っても、兄弟ゲンカ、身内争い、仲間割れ、夫婦の不仲……。

ごくたわいないもめごとが、相手を壊滅させる戦争にまで発展してきたのです。


本当は、誰も戦争なんてしたくない。

誰とも争いたくない。

にもかかわらず、心の中で、毎日のように誰かを責めたり、自分を責めたり、争いの火を起こし続けているという矛盾……。悲しいかな、それが人間です。

いいえ、アマテラスとスサノオのように、神話に登場する神々ですら、ケンカばかりしているのです。


もういい加減、そういう生き方を、終わりにしなければなりません。


すぐそばにいる人と、ひかりを奪い合うのではなくて、ひかりを分かち合う。

この人は苦手、嫌い、相容《あいい》れないと思う相手だからこそ、つながる。

来る日も来る日も、出会う人と調和して、結ばれる。

それは前人未到の、神々すら為し得なかったこと。

だからこそ、一緒にごはんを食べることには、このうえない価値がある。
あたたかい食卓が生まれるたび、争いが終わり、世界がひかりに満ちていく。
私はそう信じて、一食一食を大切に、作り続けています。
「私たちは、もう争わない。ひとつになります」という、神様への祈りであり宣言。
それが、私にとっての「美味しいごはん」です。

料理人ちこ

料理人ちこ

料理人。17歳で人生の師、北極老人と出会い、「食を変えると人生が変わる」ことを自らの経験を通じて会得。2006年、「声なき声を聞き、香りなき香りを利く料理」ゆにわ流を伝授される。大阪府枚方市楠葉に、北極老人監修のもと、日本式の風水に基づき、太古の良い記憶を呼び冷ます水と、まるで神域のように心洗われる空間をそなえた料理店「御食事ゆにわ」を立ち上げる。その後、日本全国はもちろん、海外からも足しげく通うファンが急増。「ごはんで人生が変わった！」と感動の声が毎日寄せられている。今までの著作は累計16万部を超える。2017年から映像へとその活躍の場を広げ、ドキュメンタリー映画『美味しいごはん』プロジェクトに参加。名だたる製作陣のもと、「美味しいごはんを食べることで、幸せが紡がれ、結ばれていく」ことをテーマに2年をかけ映像を製作。現在では、後進の育成に尽力する傍ら料理人として食と生き方をテーマにした講座を開催。各地で講演会を実施するなど精力的に活動している。著書に『いのちのごはん』『きずなのごはん』『いのちのごはん〈新装版〉』（共に青春出版社）、『運を呼び込む　神様ごはん』（サンクチュアリ出版）、『神様とつながる　開運ごはん』（神宮館）、『運気を上げるごはんのひみつ』（PHP研究所）、『福ふくごはん』（宝島社）、『暮らしとごはんを整える。』（主婦と生活社）などがある。

美味しいごはん

2018年9月15日　初版印刷
2018年9月25日　初版発行

著　者　　料理人ちこ
発行人　　植木宣隆
発行所　　株式会社 サンマーク出版
〒169-0075
東京都新宿区高田馬場2-16-11
(代)03-5272-3166
印　刷　　共同印刷株式会社
製　本　　株式会社村上製本所

ISBN978-4-7631-3704-3 C0095
ホームページ　http://www.sunmark.co.jp